내가 살아야 할 생을
잘 살아서 기쁘다

내가 살아야 할 생을
잘 살아서 기쁘다

엘리자베스 M. 토마스 지음
최유나 옮김

흥익출판사

contents

나이 듦 앞에서

노인들은 그들이 사는 곳에 따라 다르게 받아들여진다. 내가 이 책을 쓴 미국에서는 사람들이 '나이 듦'의 중요성을 점차 망각해가고 있다. 그런데 인류의 진화적인 측면에서 생각해보면 이는 참 새로운 현상이 아닐 수 없다.

인간이라는 종(種)은 연장자의 경험과 가르침 속에서 삶을 시작했다고 해도 과언이 아닌데 말이다. 그래도 아직 아프리카 대륙의 몇몇 나라와 한국을 포함한 동아시아에서는 이런 모습을 어렵지 않게 볼 수 있다. 물론 이제는 그마저도 점차 옅어지고 있지만, 아직 없어지지는 않았다.

요즘 들어 사람들은 노인을 더 이상 필요로 하지 않는 듯하다. 문제를 해결하기 위해 도움을 받을 곳이 무궁무진해졌기 때문이다. 아주 먼 옛날, 70~80세를 넘은 노인들이 문제가 생길 때마다 현명한 해결책을 '탁'하고 제시하던 때와는 다르다. '부시맨(Bushmen)'으로 알려진 산족의 문화에선 여전히 가능하지만 말이다. 나는 남부 아프리카에서 인류의 원형에 가까운 모습으로 살아가는 산족과 3년 동안 함께 생활한 적이 있다.

산족에게 '늙음'은 곧 존경을 뜻하는 말로, 노인들에게만 통용되는 말이 아니다. 어둑한 밤중 마을 어귀로 사자 한 마리가 찾아온 적이 있는데, 이를 본 산족들은 사자를 향해 "늙은 사자여"라고 외치며 떠나기를 간청하기 시작했다. 사자는 사람들의 정중한 태도에 담긴 존경심을 느꼈는지 이내 순순히 물러났다. 나는 이런 광경을 꽤 여러 번 목격했다.

어렸을 적 나는 외할머니와 친할머니가 들려주는 이야기에 푹 빠져 지냈다. 나는 할머니들이 기억하는 경험담과 생생히 목격해온 세상의 변화를 늘 귀담아들었다. 그러나 만약 지금 두 분이 그런 이야기를 한다고 해서 누가 관심을 가지기는 할까.

내가 이 글을 쓰고 있는 시점에 코로나 바이러스가 미국에 빠르게 확산되고 있다. 코로나 바이러스에 전염된 노인들에게는 산소호흡기가 제대로 주어지지 않을 수 있다는 얘기를 들었다. 산소호흡기의 개수가 충분하지 않아 노인들이 사용하는 기계들이 곧 젊은 사람들에게 보내질 수 있다고 했다.

노인들을 죽게 내버려둘 수도 있다고 했다. 그러나 나는 이런 말들이 틀릴 수도 또 맞을 수도 있기에 쉽게 판단을 내리지 않고 있다. 하지만 분명히 말할 수는 있다. 우리 조상들은 이토록 노인들을 경시하지 않았을 텐데, 라고 말이다.

나는 늙었고, 또 잊히고 있다. 그럼에도 여전히 혼자만의 시간을 즐기고 있다. 나는 나와 비슷한 나이대의 주변 친구들을 돌아본다. 그들 모두 놀라운 일들을 경험해왔고 각자가 비범한 사람들이다. 당신이 알고 싶고, 이야기하고 싶고, 그리고 조언을 구하고 싶을 만한 사람들이다. 세계 어떤 곳에 있든 노인들은 아마 그런 사람들이 대부분일 것이다.

우리 노인들은 자신이 누구인지 알고 그것을 기꺼이 받아들인다. 머지않아 우리는 우리의 존재를 낮춰보았던 사람들에게 나이 든다는 것이 무엇인지 알려줘야 할 것이다. 그들 또한 오래도록 살고 싶다면 우리로부터 반드시 배워야 한다. 그렇게 된다면 우리는, 노인들과 젊은 사람들은 서로를 다시 보게 되지 않을까. 내 생각에 지금은 이것만으로도 충분하지 않을까 싶다.

엘리자베스 M. 토마스

늙는다는 건 미지의 세계를 향한
모험 같은 것

나는 왜 노년의 삶에 대해 쓰려고 하는가? 아무도 원하지 않고 누구도 좋아하지 않는데 말이다. 내가 이 책의 집필 계획을 말하자 한 친구는 심드렁하게 답했다. "글쎄…… 재미있을까……."

경로 우대 할인만 빼면 나이를 먹는다는 것에 별로 좋은 점도 없으니 당연한 반응이라고 생각한다. 우리는 대개 노화가 찾아오면 그걸 숨기려고만 한다. 그러는 사이 몸과 마음은 서서히 허물어져 가고, 그 다음은 죽음만이 유일한 탈출구처럼 느껴진다. 하지만 이건 늙음을 쓸데없이 부정적으로만 바라보는 시각이다.

죽음은 우리가 삶을 얻기 위해 지불해야 하는 대가 같은 것이다. 물론 다른 사람들과 마찬가지로 나 역시 그 대가가 너무 비싸다는 생각은 든다. 그렇다고 죽음을 피할 수 있다면 무조건 좋기만 할까?

나는 뉴햄프셔주의 시골마을에 살고 있다. 어느 날, 나는 우리 집 마당에서 큼지막한 돌덩이 하나를 발견했는데, 가만히 생각해보니 그 돌덩이는 3억 년 전 지구 표면 15킬로미터 하부에서 형성되지 않았을까 싶다. 어찌어찌하여 땅 위로 밀려 올라왔을 테고, 기원전 1만 년 전쯤에는 빙하에 실려 떠다녔을 것이다. 그 긴 시간들은 과연 무엇을 의미일까? 시간을 거리로 상상해보면 이해가 될지 모르겠다. 아주 긴 자를 가지고 기원전 1만 년 전부터 현재까지의 시간을 30센티미터라고 가정하면, 이 돌덩이는 여기서부터 8킬로미터 정도 떨어진 곳에서 만들어졌다.

1935년, 우리 아버지 역시 나를 이곳에 데려왔다. 내가 네 살쯤 되었을 때인데, 나는 그때부터 이 동네가 조금씩 변해가는 걸 볼 수 있었다. 아버지가 냇가에 작은 둑을 쌓자 조그만 연못이 생겼고, 시(市)에서 우리 집 옆으로 난 흙길을 아스팔트로 포장하는 것도 보았다. 모든 것들이 대단해 보였지만, 특히 도로의 변화가 제일 특별하게 느껴졌다. 도로가 포장되자 사람들이 그 길에 새로운 이름을 붙였기 때문인 것 같은데, 세상의 변화에 우리가 감정적인 적응을 해나가는 과정처럼 보였다.

그렇다면, 다시 좀 전에 말한 돌덩이를 떠올려보자. 땅속에 있던 돌덩이가 어쩌다 적당한 자리로 솟아 올라왔는데, 이때 의식을 가지고 있었다면 어떨까? 그 돌덩이는 단세포생물이 티라노사우루스(Tyrannosaurus, 지구상에 존재했던 육식 공룡 중 최강자—옮긴이)로 진화하는 것을 보았을 테고, 티라노사우루스가 점차 새로운 모습으로 진화하는 과정도 목격했을 것이다.

또 기후 변화, 대멸종, 대발견 같은 것들이 진화에 어떤 영향을 끼치는지도 알았을 것이다. 돌덩이는 우리 집 앞마당에서 빙하가 녹고, 얼었던 땅이 풀리고, 풀들이 자라고, 야생동물이 번성하는 것도 모두 지켜보았을 게 분명하니 말이다.

돌덩이는 자신의 옆을 지나치는 매머드와 동굴사자(Cave lion, 1만 년 전 멸종된 유럽의 거대 사자—옮긴이)를, 자신의 옆에서 모닥불을 피우고 기거하는 원시 부족들도 보았을 것이다. 그리고 유럽 대륙에서 건너온 사람들이 집을 짓고, 헛간을 세우고, 나무를 잘라 논밭을 만드는 것도 모두 보았을 것이다.

하지만 이런 사실은 그 돌덩이의 장구한 생존 기간 중에서 나노초(10억 분의 1초—옮긴이)에 지나지 않는다. 돌덩이에게 생명과 의식이 있다 할지라도 돌덩이가 영겁의 시간 동안 알게 된 무수한 사실들은 그 어떤 과학자도 절대 밝혀내지 못할 것이다. 오히려 돌덩이의 입장에서 보면, 그의 세상에는 아무 일도 일어나지 않았다. 심지어 그는 비가 내리는 사실조

차 알아차리지 못하니 말이다.

우리가 돌덩이처럼 그렇게 오래 살았는지 전혀 인지하지 못한 채 30억 년 이상 살아 있다고 가정해보자. 그럼 공짜로 얻게 된 영원불멸의 삶보다 죽음이라는 대가를 지불해야 하는 삶이 훨씬 좋다고 동의하게 되지 않을까?

살아 있는 유기체인 우리 인간은 돌덩이만큼 오랜 시간 존재해왔지만 돌덩이와는 다르게 조금씩 모습을 변화시켜 왔다. 재생산을 통해 종을 발전시켰고, 가끔은 자신을 조금씩 다르게 복제해왔다. 그런 작은 변화가 자연선택이라는 메커니즘 안에서 인간이라는 종의 문제점을 수정할 수 있는 무한한 기회로 제공되어 왔다.

그 결과, 우리도 돌덩이와 마찬가지로 30억 년이 지난 지금까지 지구상에서 여전히 번성하고 있는 것이다. 하지만 인간의 여정은 돌덩이보다 훨씬 흥미진진했다. 우리 각자의 삶이야말로 저마다의 취향과 매력으로 가득한 세상을 향해 늘 열려 있는 작은 창이었기 때문이다.

살아 있다는 것은 경험하는 것으로, 경험은 인생의 모든 순간을 통해 축적된다. 그리고 그 경험은 출생의 순간부터 시작된다. 양수로 가득 찬 따뜻하고 비좁은 환경에서 미끄러져 나와, 텅 빈 곳이나 다름없이 서늘한 공간에 도착하는 순간부터 말이다. 공기와 빛, 냄새와 소리가 주위를 감싸는 공간에 도착한 순간, 거대하고 무서운 생명체들이 우리를 내려다보고 있다. 참고로, 이때 우리 인간은 돌덩이보다 아주 조금 더 인지력이 있을 뿐이다.

우리의 여정의 끝은 나이를 먹으며 서서히 드러난다. 이런저런 성공과 실패, 사실과 비극을 경험하고, 친구와 친척과 얼마간의 소유물이 뒤죽박죽 섞인 잡동사니들을 수집한 뒤에 말이다. 그렇게 노년은 죽음으로 가기 위한 과도기가 된다. 그 과도기를 어떻게 대하느냐는 삶을 통해 얼마나 성장했는지에 따라 달라질 것이다.

젊었을 때는 죽음을 향해 다가가는 게 나와 별 상관없는 일처럼 보인다. 노인들은 우리와 생김새도 다르고, 행동도 달라 보인다. 마치 거의 다른 종처럼 느껴진다. 죽음 또한 그 누구도 원하지 않는 것이지만, 젊은 사람들에게는 그게 무슨 걱정이겠는가? 죽음은 그들에겐 웬만해선 일어나지 않는 일이다.

그렇기에 젊은 시절 우리는 아무 거리낌 없이 위험한 일을 잘도 저지르지 않았던가? 어떻게 보면 이런 착각은 참으로 유용하다. 아직 닥치지도 않은 일인데 노화와 죽음이라는 것에 미리 사로잡힐 필요가 뭐가 있겠는가? 만약 내가 어머니처럼 몇 개월 모자라는 104살까지 살게 되었는데, 20살 때부터 죽음에 대해 걱정을 했다면 그 인생이 어떠했겠는가 말이다.

중년이 되면 우리는 자연히 많은 것을 알게 된다. 겨우 오십 몇 살밖에 안 되었지만 노화가 뭔지 알게 되고, 자신이 예전만큼 젊지 않다고 말하게 된다. 무엇을 먹고, 어떻게 운동해야 할지에 더욱 신경 쓰게 된다. 그러다 25년쯤 더 지나면, 그런 생각을 할 때가 햇병아리에 지나지 않았다는 사실을 깨닫는다. 왜냐하면 그때쯤 되어야 진짜 노화를 겪기 때문이다. '아, 이건 완전히 다르구나' 하는 생각을 하게 될 것이다. 그렇다, 이때부터 진짜 변화가 시작된다. 빠르게 달릴 수도 없고, 계단을 오를 때마다 늘 걱정을 한다.

하지만 그래도 아직 살아 있으니 다행이다. 물론 당신은 점점 불행해지리라 생각할 수도 있다. '그런 상태로 살아가야 하는데 정말 행운이라고 부를 수 있을까?' 하고 말이다. 그런데 어쩌면 우리 모두는 노화에 대해 일종의 편견을 가지고 있는 건 아닐까? 바라건대 나는 이 책이 그런 편견을 깨트리는 데 도움이 되었으면 한다.

우선 나는 이 책에서 노화의 힘든 부분을 얘기하고자 한다. 그래야 노화에 대해 완전하게 말할 수 있으니 말이다. 물론 좋은 점도 정확하게 밝힐 것이다. 좋은 점들이 독자들에게 어떤 놀라움으로 다가갈지는 잘 모르겠다. 대부분 노화의 장점으로 전혀 생각하지 않았던 것들일 테니 말이다.

지금까지 수많은 책들이 노년의 삶과 노화에 대처하는 법을 다루었다. 하지만 대부분은 현직 의사들이 노인 환자를 관찰한 뒤에 의학적, 사회적, 행동학적 요인들을 분석한 후 쓴 글이다. 그들은 대개 노화를 부드럽게 진행시킬 수 있는 방법을 제시한다. 물론 읽을 가치가 있는 책들도 많다.

미국의 의학자 아툴 가완디(Atul Gwandi)의 《어떻게 죽을 것인가(Being Mortal)》는 정말 훌륭한 책이다. 하지만 내가 생각하기에는 이것 역시 젊은 사람이 쓴 책이다(아툴 가완디는 1965년생이다―옮긴이).

젊은 사람들은 노화가 자신에게 어떤 영향을 끼치는지는 잘 알겠지만, 진정 늙는다는 것이 무엇인지는 절대 알 수 없다. 그래서 노화에 대해 글을 쓰는 젊은 작가들을 보면 착한 내 친구 하나가 생각난다. 그녀는 20대 때, 신문에 건강 칼럼을 쓴 적이 있었다. 건강 문제에는 당연히 노화도 포함되지만 독자들이 직접적으로 언급하는 것을 싫어하기에, 그녀는 애팔래치아 트레일(Appalachian Trail, 미국 애팔래치아 산맥에 뻗어 있는 하이킹 트레일―옮긴이)을 걸으며 멋진 사랑을 경험했다는 80세 노인들의 이야기를 썼다.

계단에서 아래층으로 내려가다 굴러 떨어져 아마와 목뼈가 부러졌거나, 또는 굴러 떨어지면서 속옷에 오줌을 지렸다는 80세 노인에 대해서는 쓰지 않았다. 좀 전에 언급했던 책들도 이 친구의 칼럼과 닮아 있다. 그들은 대개 노화에 대한 편견을 열심히 맞받아치며, 건강법을 제대로 실천한다면 노화도 그리 나쁠 게 없다고 쓴다.

그러나 이 책은 다르다. 나는 노인병에 대해 학위가 있는 전문의가 아니다. 그저 남편을 먼저 떠나보낸, 87세의 증조할머니일 뿐이다. 하지만 늙는다는 게 어떤 기분인지, 늙은이가 사람들 눈에 어떻게 보이는지는 아주 잘 알고 있다. 독자들이 '남편이 없는 증조할머니'나 '87세'란 대목을 읽을 때 얼굴에 싫은 표정이 살짝 번지는 걸 봐도 나는 절대 놀라워하지 않을 사람이다. 그런 건 오히려 극히 일반적인 반응이다.

늙은이를 진심으로 싫어하는 젊은이들이 많은 걸 나는 알고 있다. 하지만 이건 인기 콘테스트가 아니니, 나는 내가 직접 알게 된 사실을 말할 것이다. 그중에서 상당 부분은 내가 직접 경험한 일들이다. 그렇다고 이 책에 있는 이야기들이 모두 나쁜 소식일 거란 생각은 제발 접어두기 바란다. 늙은 나이에도 분명 장점은 있다.

경로 할인을 보라. 나 역시 개 두 마리를 반려견으로 등록할 때 경로 할인을 받았다. 반려견 등록비는 한 마리당 6.5달러라서 원래대로라면 13달러를 지불해야 하지만, 노인들은 할인을 받아 한 마리를 4.5달러 싸게 등록할 수 있다. 그래서 나는 두 마리를 등록하는 데 8.5달러만 들었다.

그리고 나는 평생 물건들을 샀기에, 이제 필요한 물건들뿐만 아니라 더 이상 안 쓰는 물건들까지도 켜켜이 쌓아놓고 있다. 앞으로는 물건을 살 일도 별로 없을 테니, 그만큼 나에게 쏟을 시간이 많아질 것이다. 나 역시 우리 손자들과 놀 시간이 훨씬 많아졌다.

게다가 늙으면 한때는 그저 일상적이라 생각했던 일들이 재미있는 경험으로 와 닿는다. 요즘 내가 제일 좋아하는 것은 침대로 자러 들어가는 일이다. 개 두 마리와 고양이 세 마리가 나를 따르고, 우리는 다 함께 복도를 지나 침실로 간다. 개 먼저, 나, 그리고 고양이 순으로 침대로 들어간다. 개들은 내 몸 가까이의 이불 속으로 들어가고, 고양이들은 내 머리 꼭대기에서 잠이 든다. 단출한 싱글 침대라 곧바로 비좁아지지만, 우리는 이렇게 서로 꼭 붙어 있는 걸 좋아한다.

물론 노화에는 어두운 면도 있다. 기억을 잃거나 뼈가 약해지는 일들 따위다. 이런 문제에 대해서라면 나는 누구보다도 많은 정보를 알고 있고, 그래서 꽤 재미있는 이야기들을 들려줄 수 있다. 가령 내가 끊임없이 차 열쇠를 잃어버리는 일이나 넘어져서 엉덩이뼈를 다친 일들처럼 말이다.

또 늙으면 병원으로 향하거나 노인 돌봄 서비스 회사에 연락을 해야 할 일들이 생기는데, 참고로 나는 도움을 요청할 수 있는 간호사를 세 명이나 알고 있다. 모두 노인을 좋아하는 착한 친구들이다. 그들은 내가 요청을 할 때마다 그에 맞는 병원이나 돌봄 서비스 회사를 알려주고, 각 회사의 장점과 저마다의 서비스 조건들까지 콕콕 집어준다. 그들이 내게 알려준 것들을 그들의 상사들이 알게 되면, 영업 비밀에 해당하는 일이라며 해고할지도 모를 정도다. 그래서 그들의 이름을 직접 거론하지는 않겠다.

어찌 되었든 나는 이처럼 가능한 한 노화에 대한 거의 모든 것들을 이야기하려고 한다. 이게 바로 내가 이 책을 쓰려는 이유다. 물론 다른 이유도 있다. 내가 예전에 썼던 책들은 대부분 자연, 또는 우리보다 더 박력 있는 생활을 하는 수렵채집인들에 관한 것이었다. 그래서 위험을 무릅쓰기도 해야 했고, 힘이 많이 드는 학술 조사도 병행해야 했다. 하지만 이제 그러기엔 내가 너무 늙었다.

내가 학술 조사를 시작한 건 1950년대, 그러니까 20대 초반부터였다. 그때 나는 '부시맨(Bushman)'으로 더 잘 알려진 산족(the San, 남아프리카 일대에 흩어져 사는 수렵채집민족들의 통칭 – 옮긴이) 사람들과 지금은 나미비아(Namibia)라 불리는 지역에서 같이 살았다. 산족은 인류의 원형에 제일 근접하다고 알려져 있기에 인간의 조상이라 할 수도 있다. 이들은 원시생활 방식을 고수하는 수렵채집인으로, 백인들이 오래전부터 '이 세상의 끝'이라 부르던 남부 아프리카의 광대한 '미지의 땅'에 살고 있었다.

내가 '미지의 땅'이라고 작은따옴표를 붙여 강조한 이유는, 백인들이 그 땅을 그렇게 불렀기 때문이다. 미지의 땅이라니, 그건 전적으로 백인들의 눈에 비치는 모습일 뿐이다. 산족의 정착지를 연구 조사한 고고학 논문에 따르면 그들은 그곳에서 거의 8만 5천 년 이상을 계속 거주해왔다.

나는 그 장구한 시간 중에 고작 3년을 그들과 보냈을 뿐이지만, 그들에 대한 이야기로 첫 책을 썼다. 책의 제목은 그들의 언어로 'Ju/hoansi(/는 혀를 입 끝에 붙여 딸깍하고 내는 소리를 뜻한다─옮긴이)'를 번역하여 붙였다. 'Ju'는 '사람'이란 뜻이고, 'hoan'은 '순결한', 또는 '안전한'이란 뜻이다. 'si'는 복수형이다. 나는 이를 《무해한 사람들(The Harmless People)》로 번역해 출간했다. 그리고 나이가 더 들어 그들에 대한 두 번째 책을 썼는데, 제목은 《오래된 방식: 첫 번째 인류에 관한 이야기(The Old Way: a Story about the First People)》이다.

한번은 오랫동안 준비해온 프로젝트를 진행하고자 늑대 굴로 찾아간 적도 있다. 캐나다 북동부에 위치한 배핀 섬(Baffin Island)의 늑대 굴에 도착하기 위해 약 120킬로미터를 도보로 횡단했다. 그곳의 작은 굴에서 늑대들을 보며 혼자 북극의 여름을 보냈다. 늑대가 진화하여 개가 되었기에 《개들의 숨겨진 삶(The Hidden Life of Dog)》이라는 책을 쓸 때 그 늑대들도 함께 묘사했다. 영광스럽게도 이 책은 뉴욕타임스 베스트셀러로 1년 이상 상위권에 올라 있었다.

나는 또 우간다 북부 지역에서 목축 생활을 하는 '도도스(Dodoth)'라는 호전적인 부족과 함께 지내기도 했다. 그 결과로 나온 책이 《목동 전사(Warrior Herdsman)》다. 그때 우연히 세계적으로 아주 유명한 인물을 만났는데, 그는 바로 이디 아민(Idi Amin)이라는 우간다의 독재자였다. 당시 그는 영국군 왕립 아프리카 소총군단(the King's African Rifles)의 육군 장교였다.

나는 케냐의 국경 근처 야생 숲속에서 야영을 하고 있었는데 어느 날 아침, 이디 아민이 트럭에 병사들을 가득 태우고 나타났다. 그들이 케냐까지 내려가 그곳에 있던 부족민들을 몰살하고 돌아가는 길이었다는 건 나중에 알았다. 케냐의 부족민들이 우간다로 들어와 양을 훔쳐 갔다는 이유 때문이었다. 이것은 곧 오해로 밝혀졌다.

그리고 이유는 잘 모르겠지만, 이디 아민은 병사들과 함께 불에 탄 시체 한 구를 트럭에 싣고 가는 길이었다. 그 시체를 남쪽으로 65킬로미터 정도 떨어진 곳에 위치한 정부 초소로 옮겨야 했는데, 직접 운반하기는 싫었는지 야영지로 성큼 걸어 들어와 내게 시체를 옮기라고 명령했다. 그것도 이디 아민의 병사는 동행하지 않고 오직 나 혼자 말이다.

그때 나는 세 살, 네 살짜리 아이들과 함께 있었다. 시체와 함께 65킬로미터나 달려야 하는 자동차에 아이들을 태워야 하나? 아니면 이디 아민에게 아이들을 맡겨놓고 가야 하나? 당시에는 휴대폰이 없어 정부 초소의 우간다 장교들에게 시체를 신고 간다고 알릴 수도 없었다. 관광객처럼 보이는 백인 여자가 불에 타버린 케냐 부족민의 시체를 트렁크에 싣고 나타난다면 우간다 군인들이 어떻게 생각할까? 도저히 상상이 되지 않았다. 그래서 나는 작고 힘없는 여자마냥 불쌍한 표정으로 눈을 깜박거리며 이디 아민에게 말했다.

"제 차는 고물이라 당신들의 트럭 같지 않아요. 게다가 나는 운전도 당신들 만큼 잘하지 못한답니다. 더구나 길도 비포장도로가 아닙니까? 제대로 운전해서 갈 자신이 없어요. 정말 미안합니다."

내 말에 이디 아민은 화를 냈지만 결국 수긍할 수밖에 없었고, 그들의 트럭은 남쪽으로 사라졌다. 그제야 나는 땅바닥에 철썩 주저앉아 숨을 크게 내쉬었다. 이제 이런 일들을 할 수 있는 능력은 까마득히 사라졌다. 머리가 옛날만큼 핑핑 돌아가지도 않고 기력도 없다. 아마 지금 불에 탄 시체를 옮기라는 말을 듣는다면 그 순간 심장마비가 올지도 모른다. 아니면 시체를 보기만 해도 기절할지도 모른다.

그런 판국이니 앞으로 배핀 섬을 걸어서 횡단하는 건 꿈도 꿀 수 없다. 골반 뼈가 부러진 뒤로는 가끔 비틀거리다 계단에서 잘못 딛는 경우가 있는데, 넘어지면 영원히 못 일어날지도 모른다. 북극곰에게 발견되면 꼼짝없이 먹잇감 신세일 테고, 그렇게나 관찰하고 싶어 했던 늑대들에게 잡아먹힐지도 모른다. 어쩌면 다른 일로 내가 생각했던 것보다 훨씬 일찍 죽게 될 수도 있다.

그래서 나는 지금 우리 집 부엌에 혼자 앉아 있다. 누구 하나 이런 사실에 관심을 가질까? 누군가에게 사슴이 찾아왔나 창밖을 내다보는 게 하루의 낙이라고 해도 마찬가지일 것이다. 그런데 뉴햄프셔주 시골마을에서 나는 지금 그러고 있고, 사슴은 아직 오지 않았다. 하지만 곰곰이 생각해보면, 나는 꽤 만족스러운 삶을 살고 있는 것 같다. 나는 지금까지 32,000일 가까이 살았다. 결승선을 향해 터벅터벅 걸어온, 그 32,000일에 걸친 삶을 돌아보는 게 아주 조금은 재미있지 않을까?

노화의 과정이야말로 인간 역사의 가장 본질적인 부분이다. 늙는다는 건 단순히 심약한 노인으로 끝나는 게 아니다. 늙는다는 건 낯설면서도 마음을 사로잡는 무엇이 있다. 아마 그건 미지의 세계를 향한 모험 같은 게 아닐까?

1장

내
삶에서
가장 중요한 존재는

인간이라는 종(種)의 평균 나이는 30세라고 한다. 세계적인 평균이 그렇다. 그래서인지 지구상의 대부분의 사람들, 즉 70억이 넘는 사람들은 노화가 진짜 무엇인지 감을 못 잡고 있다. 그들은 내가 서른 살일 때와 똑같다. 그때는 노화라는 게 너무나 먼 이야기라 언젠가 일어나긴 하겠지만 '그래서 뭐 어쩌라고?'라며 관심조차 없는 시기다.

내가 서른 살 때, 나의 부모님과 부모님의 친구들은 비교적 노화의 그늘에서 자유로웠다. 당시 할머니 두 분은 돌아가신 뒤였지만 내가 처음 뵈었을 때부터 이미 늙어 계셨다. 두 분 모두 우리 가족과 함께 살았고, 매일 봐도 어제와 같은 모습이었기 때문에 딱히 늙는 것 같진 않았다.

할머니들이 설사 늙어가는 중이었다 해도 내가 아는 한 항상 늙은 모습이었고, 나는 항상 젊었기 때문에 노화는 내가 크게 고민할 필요가 없는 희귀한 현상 같은 것이었다.

하지만 이제 나는 노화에 대해 생각한다. 우주여행이 노화와 비슷할 것이다. 노화로 진입할 때는 미끄러지듯 조용히 들어가니 말이다. 또 노화는 한밤중에 모닥불을 피우다가 번뜩이는 사자의 눈빛을 포착하고, 한순간 꼼짝없이 얼어버리는 쇼크 같은 게 아니다.

노화는 어쩌면 쇼핑몰을 어슬렁어슬렁 배회하는 것과 더 비슷할지 모른다. 익숙한 공간에서 대형마트를 찾고 있긴 한데 눈에 들어오는 모든 것들을 당신이 똑똑하게 인지하고 있는지는 약간 자신이 없는, 그런 상태 말이다. 쇼핑몰이 조금 바뀐 건가, 아니면 완전히 다른 장소에 온 것인가 하는 의문이 드는 상태 말이다.

이때 당신에게는 GPS가 장착된 스마트폰이 없다. 그건 젊은 사람들이 쓰는 거니까. 그리고 당신은 GPS가 뭔지도 사실 딱히 알지 못한다. 만약 GPS 기능이 있는 스마트폰을 가지고 있다 해도 사용법을 모를 것이고, 운이 좋으면 어떤 젊은이가 당신에게 다가와서 방향을 가르쳐줄 수도 있다.

사람들은 말을 할 때 보통은 상대를 쳐다본다. 그 사람도 당신을 쳐다보거나 최소한 당신이 가려는 방향이라도 바라본다. 하지만 그의 시선은 슬슬 멀어진다. 늙은 여자의 모습은 그의 눈에 정확히 들어오지 않는다. 당신은 늙은 지 오래되지 않았기에 이런 반응에 놀랄 것이고, 지금까지 자신이 알던 것과는 전혀 다른 세상에 와 있는 기분이 들 것이다. 그렇게 그 젊은이를 바라보다 그의 등 뒤를 보게 되고, 당신은 바로 거기서 대형마트를 발견한다. 당신은 완전히 다른 길로 향하고 있었던 것이다.

이제 마트로 들어가 물건을 사기 시작한다. 다행히 당신은 쇼핑리스트를 잊지 않고 챙겨왔다. 그리고 마트 진열대 사이를 거닐다가 고양이밥이 필요하다는 걸 기억해낸다. 쇼핑리스트에는 없지만, 고양이에 관한 거라면 당신은 언제나 기억력이 좋다. 그래서 고양이가 좋아하는 캔 10개를 쇼핑카트에 집어넣는다.

그날 오후, 이웃집 여자가 수프 냄비를 들고 찾아왔다. 당신은 그녀가 왜 왔는지 모른다. 그녀는 혼자 사는 노인이 스스로 다 챙기기가 얼마나 힘들겠냐며, 수프를 좀 가져왔다고 말한다. 당신을 돕고 싶어서라며 활짝 웃으면서 수프 냄비를 건네는 여자에게 당신은 어떻게 반응해야 할지를 잘 모른다. 하지만 고맙다고 말하고, 들어오라고 한다.

그녀가 거실 소파에 앉자 당신의 고양이가 그 여자 옆으로 툭 뛰어오른다. 하지만 이웃집 여자는 고양이를 별로 좋아하지 않는지 소파 밖으로 밀쳐낸다. 그러면 고양이는 언제나처럼 사뿐히 바닥에 착지하고, 얼른 당신의 무릎 위로 올라가 않는다. 당신은 예의가 바른 사람이라 여자에게 뭐라고 하진 못하지만, 고양이가 그런 취급을 받는 것은 싫다. 그래서 그녀에게 차를 들겠냐고 말하는 사이에 고양이를 쓰다듬으며 달래준다. 이웃집 여자는 차를 사양한 뒤 말을 시작한다.

그녀는 당신의 건강이 괜찮은지 물어보고, 당신은 그렇다고 대답한다. 이야기는 자연스럽게 날씨로 넘어간다. 당신이 연로하여 찾아온 것인데, 그녀는 자기가 아는 다른 노인의 이야기를 꺼낸다. 그리고 그 사람들의 건강 문제를 시시콜콜 알려준다.

한 사람은 관절염, 한 사람은 골다공증, 또 다른 사람은 치매란다. 당신 역시 관절염은 있다. 당신이 안쓰러운 내색을 하자 이웃집 여자는 기력이 약해지는 당신 앞에서 괜한 말을 꺼낸 걸 눈치 채고 좀 더 적절한 주제를 고른다.

"우리 할머니는 아흔세 살이세요. 우리 고모할머니는 아흔여덟 살까지 사셨고요."

그녀는 환하게 웃는다. 당신은 곰곰이 생각해본다. 당신이 30대일 때는, 이웃사람들이 자기가 40대인 누군가를 안다고 말하지 않았다. 이웃집 여자는 당신을 걸어 다니는 시체로 보는 것이 분명하다. 자신의 마지막은 확정된 게 아니지만, 당신의 끝은 확실하다 여긴다. 자기 고모할머니가 아흔여덟 살에 '죽은' 게 아니라 그때까지 '산' 거라고 말하는 건 당신에게 용기를 주고 싶어서다. 사실 그 여자의 말은 이런 뜻이다.

"곧 죽을 거라고 걱정하지 마세요. 물론 언젠가는 그렇게 되겠지만요."

당연히 문제는 거기서 끝나지 않는다. 이웃사람들에게 이 따금 소소한 도움을 요청해야 하기 때문이다. 예를 들어 함박눈이라도 내리면 이웃집 여자가 당신이 삽을 들고 문 앞을 치우는 걸 보게 되고, 그럼 자기 남편을 보내 대신 눈을 치우게 한다. 눈은 무겁게 질척거리고, 당신의 관절들이 시큰거리기 시작한다. 당신의 이웃은 선한 사람이고, 그 남편 역시 그렇다. 그가 삽을 달라고 하면 당신은 너무나 기쁜 나머지 삽을 건네며 감사하다고 인사를 한다.

저녁이 찾아오고 당신은 텔레비전을 본다. 광고가 시작되고, 숲속에 욕조 두 개가 놓여 있다. 한 욕조에는 나체의 남자가, 다른 욕조에는 똑같이 벌거벗은 여자가 누워 있다. 그들은 당신만큼 늙지 않았다. 흰머리에 주름살이 쭈글쭈글한 사람이 선전하는 상품을 누가 사겠는가? 대신 광고 속 두 사람은 이제 막 중년이 된 듯하고, 광고제품을 아주 만족하며 사용하는 것처럼 보인다.

그 약은 시알리스(Cialis)라는 발기부전 치료제다. 광고 속 두 사람은 부부생활이 좋아졌기 때문인지 서로 마주보고 환하게 웃는다. 하지만 당신은 왠지 이 광고가 잘 이해되지 않는다. 도대체 욕조가 왜 필요할까? 저 둘은 숲속에 왜 들어가 있고, 뜨거운 물은 어디서 나온단 말인가? 뭔가 퍼즐조각을 잃어버리고 못 찾은 느낌이다. 퍼즐조각 문제는 침대에 들어갈 때까지 찜찜하게 뇌리에 남아 있다.

이제 난방 버튼을 끄고, 보일러가 일순간 정적에 빠져든다. 문이 잘 잠겼는지도 확인한다. 불도 다 꺼졌는지, 커피머신 플러그도 잘 빠져 있는지 확인한다. 전열 기구에 갑자기 전원이 들어오면 불이 날 수도 있으니까. 하지만 아침에 일어나 보니 한 군데도 아닌 여러 곳에 플러그가 그대로 꽂혀 있는 걸 발견하는 일이 너무 잦다. 그럴 땐 한참을 우두커니 서서 생각에 잠긴다.

마지막으로 잠옷을 입고 이를 닦는다. 그리고 약을, 그것도 아주 많이 먹는다. 비타민뿐만 아니라 뼈를 튼튼하게 해주는 약과 관절염약까지, 그리고 대장 활동에 좋다는 완화제와 천연 수면 영양제도 빠뜨리지 않는다. 그리고 잠자리에 든다.

당신의 고양이는 이 모습을 쭉 지켜보고 있다. 당신이 이불을 뒤집어쓰고 침대 스탠드를 끄자, 귀여운 고양이는 코끝을 간질이다가 당신의 볼에 자기 볼을 갖다 대고 부비부비를 한다. 그러고는 당신의 어깨 위에 누워 가르릉거린다.

당신이 자기보다 여든 살이나 많다는 건 당신이나 고양이나 아무 상관없는 일이다. 가르릉거리는 고양이를 향해 당신은 하루 내내 처음으로 환하게 웃어준다. 둘은 서로에게 전부다. 둘은 서로 사랑받고 있음을 느낀다. 함께 있어 평온하다. 당신과 고양이는 서로의 삶에 가장 중요한 존재다.

2장

이제 그는 돌아가는
지구를 입고 누워 있다

나이를 먹어가면서 우리는 수많은 변화를 경험한다. 그중에서 가장 드라마틱한 변화는 아마도 시간에 대한 감각이 아닐까 싶다. 젊을 때는 시간이 느릿느릿 기어서 흘러가지만 늙기 시작하면 시간이 화살처럼 날아간다. 정말이다.

2016년 어느 날, 친구 하나가 내 책을 들고 찾아온 적이 있다. 내 사인을 받고 싶었던 모양이다. 내가 사인을 하는 사이 친구가 책이 언제 나온 거냐고 물었다. 그때 나는 여든다섯 살이었는데, 책이 나온 지 얼마 되지는 않은 것 같은데 정확한 연도가 기억나지 않는다고 답했다. 책장을 열어 판권을 보고 나서야 책이 1993년, 그러니까 23년이나 전에 나왔다는 걸 알았다. 그런데 그게 마치 엊그제 일처럼 느껴졌다.

과거를 돌아보기 시작하면서 나는, 문득 1993년에 내가 뭘 하고 있었는지 궁금해졌다. 하지만 당연히 기억나는 게 없었다. 그래서 23년의 의미를 생각해보기로 했다. 각 시기 동안 내가 무엇을 깨달았는지 말이다.

진실은 놀라움으로 다가왔다. 첫 번째 23년의 시간 동안 내가 한 첫 경험은 걷는 법을 배우고, 말을 배우고, 초등학교에 갔고, 읽고 쓰는 법을 배웠으며, 고등학교에 갔고, 대학교에 들어간 것이었다. 운전을 시작했고, 연애를 했고, 나미비아의 칼라하리 사막에서 잠시 살기도 하다가 대학을 졸업했다.

또 아버지 덕분에 폭스바겐 차도 생겼고, 근사한 남자를 만나 결혼을 해서 노스캐롤라이나주에서 살았다. 노스캐롤라이나주에서 나는 장애가 있는 아프리카계 미국 아이들이 다니는 학교의 행정실에서 근무했다. 나는 백인이고, 노스캐롤라이나주는 남아프리카처럼 인종차별이 있던 곳이라 흑인에 고용되어 일하는 나를 어떤 백인들은 아주 못마땅해했다.

어느 날 아침, 길을 건너려고 건널목으로 한 발짝 내딛는데, 나를 싫어하던 누군가가 차를 몰고 마치 나를 칠 것처럼 맹렬히 달려왔다. 나는 얼른 뒤로 펄쩍 뛰어 근처 상점 안으로 달려갔고, 그 차가 사라질 때까지 조용히 숨어 있었다. 그 덕분에 지금 내가 이렇게 이야기를 할 수 있는 것인지도 모른다.

당시의 그 모든 일들이 내 삶을 바꿔놓았다. 나는 어떤 종류의 사람에서 또 다른 새로운 종류의 사람으로 변해갔다. 가령 글을 모르는 까막눈에서 책을 읽을 줄 아는 사람이 되었고, 사람을 잘 믿는 사람에서 항상 의심하는 사람으로 변했다. 나를 바라보던 백인 남자가 내가 서 있는 방향으로 자기 차를 돌리던 그때까지만 해도, 나는 참 큰 의심이 없는 사람이었는데 말이다.

내가 겪은 경험의 중요성을 말한다면, 경험 하나하나마다 책 한 권 정도는 쓸 수 있을 것이다. 하지만 이제는 내가 느끼는 시간에 대한 감각이 예전과 많이 달라졌듯, 경험을 통해 무엇인가 터득하는 것도 마찬가지다.

내 책의 판권 부분을 살펴보던 그날도, 나는 그 책이 이 세상에 쏟아져 나온 수많은 책 중에서 한 권에 불과하다고 생각했다. 그 책은 내 첫 책도 아니었다. 나에게 책을 내는 일은 가끔 일어날 수 있는 보통의 사건이었고, 책을 낸다고 뭐가 크게 달라지는 것 같지도 않았다.

내 친구들과 가족, 친척들은 이미 세상을 떠났다. 그 슬픔을 영원히 지울 수는 없겠지만, 그럼에도 그들의 죽음으로 내 삶이 크게 바뀌지는 않았다. 물론 남편의 죽음만은 큰 충격으로 다가왔지만, 그래도 나는 어찌어찌 앞으로 뚜벅뚜벅 나아갔다. 마치 내가 남편의 죽음에 잘 대처하고 있는 것처럼. 내 일상은 어찌 됐든 예전과 크게 달라진 것 없이 흘러갔다.

그렇게 첫 번째 23년을 살펴보니 나는 그때 수십 번, 아니 수백 번의 중요한 경험을 했었다. 그 경험은 나 자신과 나의 행동을 완전히 변화시켰다. 그리고 나를 변화시킨 또 다른 경험들, 즉 아이를 낳고, 북극과 아프리카의 여러 지역에서 연구 활동을 하고, 쿠웨이트 대사관에서 일을 하고, 손자손녀들이 생기고, 몇 권의 책을 더 쓰고, 여러 대학과 심지어 경비가 삼엄한 교도소에서 학생들을 가르치고 한 일들은 모두 1950년대 후반부터 좀 전에 언급했던 책이 나올 때까지의 사이에 일어났다.

하지만 마지막 23년에는 내 인생을 변화시킬 극적인 경험을 딱 한 번 마주했을 뿐이었다. 그 경험은 하고 많은 것 중에서 '쉼표'와 관련이 있었다. 물론 쉼표 사용법에 대한 통찰이 섬광처럼 머리에 번뜩였다고 해서 그것 때문에 내가 사는 방식이 변하지는 않았다. 운전을 배우는 것과는 전혀 다른 일이니 말이다.

독자들도 쉼표에 대한 통찰을 그리 대단하게 여겨진 않을 것이다. 아마도 그런 독자들 대부분은 젊은이들이라 우리 같은 늙은이들이 자기만의 정해진 방식으로 살아가는 사람들이라는 걸 잘 모르고, 그렇기에 이런 종류의 경험이 얼마나 눈을 번쩍 뜨이게 만드는 깨달음인지 이해하지 못할 수도 있다. 그것은 정신적인 일이고, 또 쉼표 이외에는 구체적인 증거를 보여줄 수도 없다.

　나는 살면서 쉼표는 출판사 편집자들이 작가의 원고에서 쉼표를 넣거나 날려버림으로써, 작가들을 당황하게 만들 의도로 고안된 발명품이라 생각했다. 나는 글을 쓸 때 쉼표를 별로 많이 쓰지 않았기 때문에 내가 원고를 보내면 편집자가 문장에 몇 십 개나 되는 쉼표를 새로 넣어서 원고를 고쳐왔다. 그럼 나는 다시 그걸 두 줄로 좍좍 긋고 그 자리에 'STET'라고 적어 넣었다. 나에겐 편집자가 넣거나 뺀 쉼표들이 시간만 낭비하는 민폐 같았다.

　게다가 '그대로 남겨두라(Leave it as it is)'라는 의미를 가진 'STET'는 오직 편집자와 작가들만 아는 단어라 너무 멋져 보였다. 그러다 내가 쓴 책 두 권에 대해 특이할 정도로 이성적인 편집자 두 사람을 만났다. 그들은 스스로 만든 규칙에 따라 원래 원고를 혼란에 빠뜨리는 대신 새로 넣은 쉼표가 왜 필요한지 하나하나 그 이유를 조목조목 적어놓는 그런 편집자들이었다(편집 과정에서 문장에 쉼표를 추가한 것을 고백한다—편집자).

　당연히 그들이 고친 원고에는 새 쉼표가 여러 개 들어갔지만, 나는 그 두 권의 원고를 꼼꼼히 읽으며 각각의 쉼표에 대해 시간을 가지고 열심히 고민했다. 문장에서 하나의 쉼표가 어떻게 느껴지는지, 그리고 어떤 역할을 하는지에 대해서 말이다.

그리고 나는 이제 쉼표 전문가가 되었다. 혹시 이 책에 들어 있는 어떤 쉼표가 눈에 거슬리거나 눈에 너무 많이 띈다고 생각한다면 제발 이해해주기 바란다. 이 책에는 아주 많은 쉼표들이 들어 있는데, 모두 각각의 사명을 이행하고 있다. 이제 이 늙은이는 새로운 편집 기술을 배웠고, 오늘 당신은 내가 페이지마다 쉼표를 넣으며 얼마나 고민했는지를 알게 되었다.

어떤가? '배웠고' 옆에 쉼표가 보이는가? 근사하지 않은가? 당신은 문장을 계속 읽어 내려가다 잠깐 멈추지 않았는가? 그렇게 되어야 한다. 왜 쉼표가 그리도 중요한지 앞으로도 많이 쓸 수 있지만, 일단은 이 책의 논지를 흐리게 할 것 같으니 이만 줄인다.

"그게 작가님이 23년 동안 깨달은 전부라고요?"

젊은 독자들은 이렇게 물을지 모르겠다. 나의 대답이 그에게 얼마나 우울하게 들릴까? 하지만 당신이 내 나이가 되면, 우리 같은 노인들이 자기의 방식에 너무 굳어 있는 사람들이란 걸 알게 되면, 이처럼 마음을 뒤흔들 만한 멋진 경험만이 굳어진 방식을 변화시킬 수 있다는 사실을 알게 될 것이다. 젊은 독자들은 나이가 더 들어야 내 말 뜻을 이해하겠지. 물론 그러려면 '행운'도 뒤따라야 하겠지만.

나이가 아주 어린 어떤 젊은이에게 이런 말을 했더니, 그는 도저히 이해할 수 없다는 표정으로 퉁명스럽게 물었다.

"왜 거기에 행운이 필요한 거죠?"

"그렇게 오래 살 수 있다는 건 일종의 행운이거든. 나를 봐요, 나도 일찍 죽지 않았잖아요."

젊은이들은 이런 말의 의미를 잘 이해하지 못하는 것 같다. 그 젊은이는 오히려 코웃음을 치며 반문했다.

"작가님도 마음을 뒤흔들만한 멋진 경험이 어떤 건지 모르시는 거죠?"

하지만 난 그때 이미 여든두 살이었고, 그래서 어떤 경험이 그런 건지 너무 잘 알고 있었다.

아까도 말했지만, 늙으면 시간이 쏜살같이 날아간다. 하지만 시간은 어디를 향해서 날아가는 것일까? 바로 여기가 조금 걱정스러운 대목이다. 내 경우, 시간은 뉴햄프셔주에 마련해둔 묘지를 향해 날아간다. 이런 사실이 나에게 큰 영향을 미칠 것 같지만 꼭 그렇지만도 않다. 확실히 아직은 아닌 것 같다. 이유는 잘 모르겠다. 아마도 죽음을, 내가 젊을 때 노화를 생각하던 식으로 생각하기 때문인 듯하다. 아직 일어나려면 한참 멀었고, 어쨌든 나는 준비를 잘 할 거라고 말이다.

나는 이미 죽음에 대한 몇 가지 준비를 해두긴 했다. 재산신탁을 마쳤고, 유언장도 작성했다. 도시 공원묘지에 잠들어 있는 남편 옆에 내 이름을 새긴 묘비도 세워두었다. 남편의 이름 옆에는 출생일과 사망일이 있지만, 내 묘비에는 출생일만 있고 사망일이 들어갈 공간은 비어 있다.

나의 부모님은 하나의 묘비 아래 함께 잠들어 계신다. 우리 집 개의 뼛가루도 묘비만 없을 뿐이지 함께 묻혀 있다. 아마 모든 일이 순탄하게 진행된다면 내 뼛가루도 언젠가 '그곳'에 묻힐 것이다.

사실 뉴햄프셔주를 포함하여 미국의 여러 주에서는 공동 묘지에 사람 이외의 다른 재나 뼛가루를 매장하지 못하게 한다. 사람들은 이런 내용을 잘 모른다. 내가 보기에 꽤 많은 사람들이 자신들의 반려동물들과 함께 묻히는 것 같은데, 아마 고인의 가족들도 그게 불법이란 사실을 몰랐을 것이다. 당연히 함께 묻히는 게 맞는데도 말이다.

심지어 내가 만난 장의사 중에는 그런 법이 있는지도 모르는 사람이 있었다. 가족이 요청하면, 그녀는 반려동물의 뼛가루를 주인이 누워 있는 관에 직접 넣어주기도 했다. 그런 법이 있다는 걸 알면서 무시하는 사람도 있는데, 그런 법이 뉴햄프셔주를 지옥으로 만들고 있다고 생각하기 때문이란다.

나 역시 법을 무시했다. 나의 부모님은 내가 그런 법에 대해 알기도 전에 무덤에 묻히셨고, 남편과 나도 이미 부모님과 함께 묻히기로 약속했기 때문이다. 그리고 우리 가족들에 관한 한, 우리 집 개는 아주 가까운 친척이나 다름없었다. 그런데도 나는 남편의 유골함을 묻는 날이 되자, 묘지 관계자가 내가 뭘 하려는지 보게 될까 봐 조금 불안해했다.

하지만 나는 운이 좋았다. 무덤을 열어준 묘지기가 내 손에 두 개의 유골함이 들려 있는 걸 분명히 보았는데도 나를 향해 살짝 웃으며 점잖게 고개를 끄덕이더니, 더 이상 감시하지 않겠다는 듯이 트럭을 타고 자리를 떠났다. 아마 그 사람도 법이 너무 매정하다고 생각한 듯하다.

우리는 가족 묘지를 1963년에 마련했다. 내가 서른두 살 때였다. 친한 친구 하나가 갑작스럽게 죽었는데, 친구네 가족은 묘를 세울 땅조차 준비하지 못한 상태였다. 우리도 언젠가 묘지가 필요해진다는 사실을 깨닫고, 그 길로 서로 붙어 있는 묘지 두 필지를 찾아다니기 시작했다. 양가의 가족들이 모두 묻힐 수 있을 만큼 넉넉한 자리를 찾아서 말이다.

내가 사는 도시에는 네 군데의 공원묘지가 있었다. 가장 오래된 공원묘지는 도시 중심 가까이에 있었는데, 도시가 그 공원묘지를 중심으로 퍼져나갔기 때문이었다. 그곳 무덤들은 모두 1800년부터 1930년대에 조성된 것으로, 무덤 자리 고르기가 오래전부터 계속된 일이라는 걸 새삼 알려주었다.

그중 많은 무덤이 어린아이들 것이었고, 예순을 넘어 죽은 사람도 더러 있었다. 묘비에 적힌 이름들은 대개 도시의 도로

명칭과 같았는데, 그걸 보니 나는 문득 오래전 어린 시절이 생각났다. 그때 도시의 많은 길들은 기본적으로 포장이 안 된 마찻길이었고, 길 끝에 사는 농장주의 이름을 그대로 따와서 도로 이름으로 쓰곤 했다.

우리 동네에 사는 어느 이웃의 이름이 새겨진 묘비도 보였다. 그들의 농장 역시 자신들의 성(姓)을 딴 길 끝에 있었다. 그들 가문의 첫 번째 묘에는 으리으리한 묘비가 세워져 있었는데, 1810년에 만들어진 것이었다. 하지만 나는 그 공원묘지가 도로 옆에 바로 붙어 있어 마음에 들지 않았다.

그래서 다른 공원묘지로 갔고, 그곳의 언덕 북쪽에서 원하는 필지를 찾았다. 그 필지는 넓을 뿐만 아니라, 곰들이 동면하기에도 좋은 장소처럼 보여 특히 마음에 들었다. 두말하면 잔소리겠지만, 뉴햄프셔주에서는 해가 언제나 남쪽에 있다. 겨울에는 더 그렇다. 남향인 장소는 해가 떨어지면 온도가 급격하게 변한다.

햇빛이 어떤 영향을 끼치는지 알고 싶다면 겨울에 시골길을 달려보면 된다. 나무 그늘이 없는 쪽에는 도로가 드러나 보이지만, 나무 그늘이 드리워진 곳은 눈으로 하얗게 덮여 있다. 묘지의 언덕 북쪽에 굴을 만드는 곰들이 있었는데, 온도 차가 동면에 방해가 된다는 걸 알기 때문일 것이다.

곰들만 그런 장소를 좋아하는 게 아니다. 나중에는 여우도 우리 묘지 근처에 작은 굴을 만들었고, 그 계곡의 백합도 바로 거기서 꽃을 피웠다. 사람들이 갖다 심은 게 아니라 백합 스스로 그 장소를 택한 것이다. 그렇다, 그 땅은 수많은 생물들의 집이었다.

그래서 나는 우리 묘지를 떠올릴 때마다, 대학교 문학 강의에서 의무적으로 읽어야 했던 시 한 편을 떠올린다. 나는 그 시에 푹 빠져들었는데, 놀랍게도 아직도 암송하고 있다. 그 시는 알프레드 E. 하우스먼(Alfred Edward Housman)의 〈밤이 빠르게 얼어붙다(The Night is Freezing Fast)〉다. 이 작품은 자살한 친구에 대해 쓴 시라고 한다. 당신에게 시의 마지막 부분을 소개하려고 시를 새로 찾아볼 필요도 없다. 67년이 지났는데도 아직 나의 대뇌 전두엽에 선명하게 각인되어 있으니 말이다.

가을, 겨울, 그리고 가을, 그리고 그는
빠른 손과 지혜로운 머리로
겨울에 입을 로브를 만들었다.
대지와 바다로 만들어진
영원한 그의 외투,
이제 그는 돌아가는 지구를 입고 있다.

'돌아가는 지구를 입고 있다'라는 말이 이제는 이해가 된다. 하지만 항상 그런 건 아니었다. 내가 죽음을 처음 경험한 82년 전, 그러니까 내가 다섯 살 때는 이해할 엄두조차 내지 못했다. 그런데 지금은 시간이 그렇게 흘렀나 싶을 정도로, 그 일들이 전혀 오래된 것처럼 여겨지지 않는다. 마치 오늘 아침에 일어난 일처럼 생생하다.

3장

이제 나는 죽음을 일상적인 것으로 받아들인다

나는 그때 우리 집 욕실에 있었다. 가슴 높이의 따뜻한 물속에서 작은 고무 장난감을 만지며 놀고 있었다. 욕실 문이 부모님 침실을 향해 열려 있었고, 아버지는 방에서 전화를 받고 계셨다. 이어 아버지가 어머니에게 낮은 목소리로 말하는 소리가 들렸다.

"에밀리 조카가 죽었다는군."

"죽었다고요?"

"어젯밤에."

아버지가 거의 속삭이듯 말했다. 나는 너무 놀라 멍한 채로 듣고 있었다. '에밀리'라는 언니에 대해 들어본 적도, 부모님이 그렇게 슬픈 목소리로 이야기하는 걸 본 적도 없었다. 하지만 '죽었다'가 무슨 뜻인지는 알고 있었고, 그런 일이 누군가에게 닥쳤다는 걸 금방 깨달았다. 나는 갑자기 눈물이 와락 쏟아졌다. 부모님이 울음소리를 듣고 욕실로 달려왔다.

"왜 무슨 일이니?"

아버지가 깜짝 놀라 물었다.

"그 언니, 죽었어요?"

내가 흑흑거리며 묻자 부모님이 서로를 쳐다보았다.

"넌 에밀리를 본 적도 없잖아."

어머니가 말씀하셨다. 부모님이 내가 우는 소리를 듣기 싫어하는 것 같아 억지로 울음을 멈추었지만, 지금도 그때가 선명하게 기억난다. 왜 그랬는지는 모르지만, 그때 나는 고개를 살짝 들어 샤워기 쪽을 올려다보았다. 부모님의 이야기를 듣기 전까지는 고무 장난감만 쳐다보고 있었는데 말이다.

내 마음속 시선은 아직도 그 샤워기를 향해 있다. 하얀 방수 커튼이 쳐져 있고, 그 안에서 높이 달려 있는 샤워기 헤드를 내가 왜 올려다보았는지, 왜 그 장면이 그토록 또렷이 기억나는지 알 수가 없다. 하지만 84년이 지난 지금 생각해보면, 아마 나는 그 순간 천국을 떠올렸던 게 아닌가 싶다.

나는 천국의 의미가 혼란스러웠다. 그곳은 하늘에 있는 좋은 곳이고 사람들이 죽으면 가는 곳이라고 했다. 하지만 계속 의문이 생겼다. 외할머니와 친할머니는 모두 우리 가족과 함께 살았는데, 특히 친할머니는 독실한 기독교 신자여서 우리가 다시 태어나지 못하면 지옥에 간다고 믿었다. 할머니는 늘 말씀하시곤 했다.

"기독교 신자라면 어느 순간 문득 깊은 깨달음을 경험해야 한단다. 깨달음을 얻지 못한 신자는 구원받지 못한 것이기에 지옥불에 떨어져서 영원히 불에 타는 벌을 받게 될 거야."

나는 전 세계 사람들 중에 더러는 예수님에 대해 들어보지 못한 사람들도 있지 않을까 생각했다. 더구나 예수님이 태어나기 전에 살았던 사람들도 있다. 그럼 그들은 모두 지옥에 떨어진다는 건가? 할머니는 확실하게 대답하지 못했지만 내 생각에 동의하지는 않으셨다. 할머니는 그런 사람들은 아마 살아 있을 때 했던 행동으로 심판 받을 거라고 하셨다.

"그리고 지금은 예수님을 모르는 사람이 없잖니."

할머니는 또 이렇게 말씀하셨다. 예수님은 인간들이 저마다 지은 죄로 벌 받게 하지 않으려고 스스로 죽음을 당하신 거라며, 우리 모두가 그런 깨달음을 얻게 해달라고 하루도 빠지지 않고 기도해야 한다고 하셨다. 그런 깨달음이야말로 우리가 예수님의 사랑과 희생을 잘 알고 있다는 표시라고 믿으셨기 때문이다.

예수님이 살아 계시던 그 옛날에는, 하늘의 신들을 기쁘게 해드리기 위해 동물을 제물로 바쳤다. 하지만 우리의 하나님은 특별한 제물을 원하셔서 동물로는 부족했던 것 같다. 하나님은 당신의 아드님을 원하셨다. 이 세상 최고의 인간인 당신의 아드님이 그 시대 죄인들뿐 아니라 앞으로 올 죄인들을 구하기 위해 대신 죽기를 바라신 것이다.

이것이 바로 인간이 얼마나 나쁜지 보여주는 것이며, 만약 우리가 이 깊고 놀라운 깨달음을 얻지 못하면 끔찍한 벌을 받게 된다는 결론과 이어지게 된다고 하셨다. 자신은 아무 잘못도 하지 않으신 예수님이 나머지 인간들이 저지른 죄 때문에 끔찍한 고문을 당하시고 결국 죽음을 당하셨다는 그 깨달음으로 말이다.

할머니는 이런 이야기를 아주 깊게 믿고 계셨다. 종교는 할머니 삶의 중심이었다. 할머니는 자신이 구원받았으므로 천국에 갈 거라 굳게 믿으셨다. 나의 아버지도 함께 말이다. 할머니 말씀에 따르면 아버지는 어릴 때 이미 구원받았다고 한다. 할머니가 아버지에게 하나님을 믿어야 한다고 계속해서 말했는데, 구원을 받은 게 아니라면 어린아이가 그런 중압감을 견뎌냈을 리 없다면서 말이다.

하지만 그건 아버지에게는 어린 시절의 일이었다. 그 시절은 이제 아버지에게 없었다. 내가 아는 한, 아버지는 그런 깨달음에 대해 한 번도 말씀하신 적이 없었다. 물론 그건 아무래도 상관없었다. 할머니는 만약 죄를 지었다 해도 한 번 구원받으면 계속 구원받은 상태가 되기 때문에 결국 하늘나라로 간다고 말씀하셨다. 과거에 지은 죄뿐 아니라 앞으로 지을 죄 역시 모두 사함을 받았기 때문이다.

그럼 나머지 가족들은 어떻게 될까? 어머니와 나, 남동생은 구원받지 못한단 말인가? 할머니는 우리가 필시 지옥에 간다고 믿고 계셨다. 덜 관대하고, 마음이 덜 따뜻한 사람이라면 그렇게 될 수도 있다면서.

　"나는 죄의 사함을 받았어. 내 외아들인 너희 아버지도 마찬가지란다. 하지만 하나님 목소리를 못 들은 사람은 지옥으로 가야지 어쩌겠니."

　때때로 그렇게 냉정하게 말씀하셨던 할머니였지만, 사실 할머니는 어떻게 그렇게까지 할 수가 있나 싶을 정도로 사랑이 넘치고 남에게 무엇이든 베푸는 분이었다. 그러면서 하루도 빠짐없이 우리 가족에게 예수님의 희생을 받아들이라고 애원하다시피 하셨고, 나라도 그런 할머니 말씀을 따르고 싶었다.

　다만 어떻게 번뜩이는 깨달음을 얻을 수 있는지는 알 수가 없었다. 그건 억지로 되는 게 아니니까. 깨달음이 번개처럼 뇌리를 때려야 하는데 그런 일은 절대 일어나지 않았고, 나는 끝내 지옥불에 떨어질 거라 생각했다.

　그런데 이상하게 지옥불이 그다지 무섭지 않았다. 죽으면 아무것도 못 느낄 테니까. 아니면 화장을 해서 내 몸이 재가 되었으니, 역시 아무것도 느끼지 못할 테니 말이다. 만약 불에 타는 엄청난 고통을 겪고도 재로 완전히 변하지 않았다면,

영원이라는 시간 동안 지옥불에 적응하면 그만이다.

하지만 아버지와의 이별은 정말 무서웠다. 우리 가족에게 이런 짓을 하는 신이 정말 옳은가 하는 생각이 들 정도였다. 만약 하나님이 그렇게 전지전능하다면 왜 사람들이 죄를 짓도록 그냥 내버려두는 걸까? 우리가 죄를 짓고 난 후에 우리를 고문하는 것보다 애초에 죄를 짓지 못하게 하면 되지 않을까?

그리고 만약 우리가 죄를 지었다 해도 하나님은 우리를 고통받지 않게 할 수 있지 않을까? 하나님은 우리를 진정 사랑하시는 분이라고 했는데, 죽음의 올바른 본보기가 되어줄 수는 없는 건가? 어린아이와 엄마를 아빠에게서 떼어놓고 그들을 무시무시한 불 속에 집어던져 끔찍한 고통을 겪게 한다면, 하나님은 어떤 기분이 들까?

제2차 세계대전은 그때 이미 시작된 상태였다. 하나님이 히틀러와 내 동생을 구별할 수는 없었을까? 아마도 그랬던 것 같다. 할머니가 옳았다면, 하나님은 두 사람을 똑같이 벌했어야 한다. 하지만 하나님은 히틀러에게는 벌을 주지 않았다. 히틀러는 이미 구원받았기 때문인가? 그럼 나의 어머니는 어떤가? 어머니도 히틀러처럼 구원을 받아야 하지 않나? 어머니가 저지른 유일한 죄는 붙박이 옷장의 불을 끄지 않고 잠자리에 든 것뿐이었다.

만약 우리가 뜨거운 불에 고문을 받고 있는 걸 알게 된다면, 아버지는 천국에서 잘 지낼 수 있을까? 아마 절대 그런 일이 일어나지 않도록 온갖 방법을 다 동원할 것이다. 그렇지 않으면 지옥으로 내려와 우리를 찾아서 천국이나 지옥이 아닌, 어디든 함께 있을 수 있는 곳으로 데려가던가.

나의 부모님은 종교적인 분들이 아니었다. 교회에 가지 않았고, 성경 말씀대로 사는 걸 중요하게 여기지도 않았다. 종교적으로 두 분이 한 일은, 할머니가 식사시간에 길고 긴 감사기도를 드리는 동안 그저 조용히 손만 내려다보고 있는 게 다였다.

나도 종교를 믿은 적이 없다. 어렸을 때 할머니가 하나님에 대한 생각을 나한테 말씀하시긴 했지만, 나는 할머니 말씀이 맞는지 궁금할 정도로 어리진 않았다. 그리고 10대에 접어들면서는 그렇게 이해할 수 없는 일을 하는 하나님이라면, 적어도 회사 사장이나 정치인과는 전혀 다른 존재라는 걸 알게 되었다. 우리가 싫어하는 회사 사장이면 사표도 던질 수 있고, 우리가 싫어하는 정치인이면 투표를 하지 않으면 된다. 하지만 눈에 보이지 않는 잔인한 폭군을 향해 우리가 할 수 있는 유일한 일은 그가 존재하지 않는다고 믿는 것뿐이다.

나는 그날 욕조에 앉아 아버지의 전화 내용을 들으면서 죽음이 참 나쁜 거라고 생각했다. 그리고 내가 지옥에 가게 될 거라는 상상을 하니 죽음이 소름 끼치도록 무서워졌다.

세상을 조금 더 알게 되었을 때, 나는 지옥은 지구 중심이 아니면 있을 곳이 없다고 생각했다. 천국은 '올라가는' 곳이고 지옥은 '내려가야' 하는 곳이다. 게다가 지구의 핵은 항상 불타고 있다고 배웠는데, 우리는 어떻게 거기로 가야 한단 말인가? 무슨 터널 같은 게 있나? 터널이 있다는 말은 들어본 적이 없는데. 그래서 나는 지옥은 없다고 믿게 되었고, 죽음이 아주 조금은 덜 끔찍하게 느껴졌다.

이제 나는 죽음을 일상적인 것으로 받아들인다. 나도 사후 세계를 살게 될 것이다. 설령 그게 의식이 있는 생명체의 삶이 아니라도 말이다. 내 뼛가루는 우리 집 개나 다른 식구들 것과 섞이게 될 것이고, 내 몸의 분자 중 몇 개는 무덤 근처 식물의 씨앗 속으로 들어갈 것이다. 그 씨앗들을 쥐가 먹고, 그 쥐는 또 여우가 잡아먹을 것이다.

나는 이런 변화를 전혀 인식하지 못할 것이다. 살아 있는 동안에도 우리는 주변에서 어떤 일이 일어나는지 거의 인식하지 못하고 지나치지 않았던가. 우리가 분자 상태가 되면 역시나 아무것도 모를 것이고, 아무것도 신경 쓰지 않을 것이다. 그러니 괜찮지 않을까?

4장

죽음을 앞둔
동물들의 공통된 반응

죽음이라는 문제를 말할 때, 사람들은 두 가지 방식으로 그것을 바라본다. 사실 대부분의 사람들은 죽음을 딱히 두려워하지 않는다. 물론 나도 그렇다. 바로 이전 장에서 나는 오래지 않아 분자더미로 변해 흙속에 파묻혀도 크게 개의치 않는다고 했다.

물론 천국에 간다고 믿는 게 훨씬 낫고 그게 훨씬 더 낙관적인 생각이지만, 어쨌든 결과는 같으니 아무 상관이 없다. 죽음은 자연적이며, 살아 있는 모든 생명체에게 일어나는 일이다. 때가 되면 올 것인데, 무슨 걱정을 하겠는가?

이것이 바로 당신과 내가 가지고 있는 보편적인 생각이다. 의식적으로는 다들 이렇게 생각한다. 하지만 우리의 아주 깊은 곳, 무의식의 세계에는 우리가 진화하면서 겪은 과거에 대한 정보가 저장되어 있다. 그래서 뇌의 깊고 고요한 그곳은 죽음을 우리보다 더 심각하게 인식한다.

자연세계에서는 늙어서 죽는 동물이 거의 없다. 모두 싸우다 죽거나 자기보다 강한 포식자에 먹히거나, 먹을 게 충분치 않아서 굶어 죽는다. 모든 야생동물에게 이것은 끊임없는 문젯거리다. 우리가 만약 자연세계에서 살고 있고, 다른 동물이 공격하기에 너무 큰 최상위 포식자가 아니라면—당연히 인간은 아니다—우리는 항상 상위 포식자를 신경 써야 한다. 그리고 대부분의 생명체는 이런 정보를 가지고 태어난다. 인간도 역시 마찬가지다.

새가 뱀을 바라보는 걸 목격한 적이 있는가? 다람쥐가 고양이를 보는 모습은? 잠재적 희생자는 잠재적 포식자를 향해 모든 신경을 맞추고 있다. 뱀과 고양이는 곧 닥쳐올 죽음을 뜻하며, 이들의 잠재적 희생자는 그 포식자를 온 정신을 다해서 경계한다. 두려워해야 하는 대상을 신경 쓰지 않는 생명체는 번식 집단에서 제외된다. 정신을 똑바로 차린 선조들이 있었기에 지금 우리가 존재하는 것이다. 그리고 그들의 능력 역시 우리에게 이어져 내려왔다.

어둠에 대한 우리의 두려움을 떠올려보자. 아이들은 특히 어둠을 무서워하는 경우가 많다. 어른들 대부분은 그런 두려움을 극복했겠지만, 그래도 간혹 밤중 깜깜한 집에 들어가 불을 켰을 때, 실낱같은 안도감이 밀려오는 걸 느끼는 사람도 있을 것이다.

"조심해. 지금 집에 뭐가 있는지 잘 몰라."

당신의 본능이 이렇게 말하기 때문이다. 우리는 이런 본능을 믿으며 스위치를 향해 손을 뻗고, 불이 환하게 켜지면 안전하다는 걸 알게 된다.

죽음에 대한 공포를 유발하는 또 다른 대상으로 사자를 들 수 있다. 사자는 환한 대낮이나 달이 뜨는 밤에는 사냥에 어려움을 겪는다. 하지만 보름달이 지나고 달이 조금씩 늦게 뜨기 시작하면, 게다가 사자가 정말 배가 고프다면, 인간조차도 너무나 쉬운 먹잇감이 된다. 어둠 속에서 사자는 쉽게 모습을 감출 수 있기 때문이다. 요즘도 사자가 있는 곳에서는 어둠이 가장 무서운 위험 요소가 된다. 이것은 수천 년 동안 지속되어 온 사실이고, 현재에도 유효하다.

사자가 우리의 가장 무서운 포식자이긴 하지만, 그렇다고 유일한 포식자는 아니다. 근대적인 의미의 사자가 출현하기 전에는 디노펠리스(Dinofelis, 무서운 고양이라는 뜻─옮긴이)라는 몸집이 거대한 고양잇과 맹수가 우리 조상들을 잡아먹었다. 표범과 하이에나 역시 우리를 잡아먹는 포식자였지만, 아주 가끔은 인간들도 하이에나나 심지어 표범을 상대로 싸워서 이겼다.

하지만 결론적으로 인간은, 존재하는 시간의 대부분을 아프리카 사바나 지역을 어슬렁거리는, 크기도 중간 밖에 안 되는 또 하나의 포유류에 지나지 않는 생명체로 지내왔다. 즉 나무에서 내려오면서부터 인간은 포식자들을 마주칠 수밖에 없었고, 어떤 곳에서는 아직도 같은 상황이 반복되고 있다.

이것이 바로 인간의 마음속 어딘가에 아직도 포식자가 살아서 움직이는 이유가 아닐까? 이런 두려움은 각 문화마다 다양한 모습으로 나타나는데, 때로는 사람의 모습으로 나타나기도 한다. 해골 얼굴에 검은 망토를 걸치고 낫을 든 사람의 모습으로 말이다.

그는 '죽음의 신(Grim reaper)'이라 불리는데 번뜩이는 눈빛에 사자나 디노펠리스가 아닌 낫을 든 모습으로 자주 묘사된다. 이런 이미지가 만들어진 시기는 구석기 이후로 보인다. 그때부터 곡물이 인간의 중요 주식이 되어 죽음의 신이 낫을 휘둘러 곡식을 다 수확해버리면, 인간의 식량이 없어진다고 믿었기 때문이다. 뿌리가 살아 있으니 곡물이 완전히 죽었다고는 할 수 없지만, 어쨌든 죽음의 신이 휘두르는 낫에 곡물이 죽을 운명이라 생각했던 것이다.

뱀이 새의 정신을 빼앗는 것처럼 죽음의 신도 우리 인간의 정신을 빼앗는다. 그것도 여러 가지 다양한 방법으로 말이다. 우리 집 위층에는 장례식장에서 일하는 친구가 살고 있다. 그 친구의 말에 따르면, 관에 조용히 누워 있는 시체를 보여 달라거나 시체를 어떻게 방부 처리하는지 보여 달라고 청하는 끔찍한 호기심을 가진 사람들이 꽤 많다고 한다.

그 친구는 시체가 배변하는 것도 본 적이 있다고 했다. 우리 몸의 일부 장기들은 심장과 뇌가 작동을 멈춘 뒤에도 움직이는 게 분명하다. 자기가 열심히 봉사하던 주요 기관들이 이미 죽었고, 자기들도 곧 같은 운명이 될 거라는 걸 인지하지 못한 채 말이다. 재미있는 일은, 사람들이 죽은 뒤에 자신이 어떻게 되는지 장례식장의 그 친구에게 종종 묻는다는 것이다. 공개적으로 죽음을 다루는 사람이라면 마치 죽음의 일부분이라도 되는 것처럼 말이다.

미스터리 살인사건이 관심을 끌고, 수많은 영화와 텔레비전 프로그램이 죽음과 관련된 내용을 다루는 것만 봐도 죽음에 대한 우리의 관심이 얼마나 큰지 알 수 있다. 심지어 뉴스 프로그램도 온통 살인이나 교통사고, 화재나 홍수에 의해 죽은 사람들의 내용으로 가득하지 않은가.

새가 뱀을 볼 때처럼 우리는 그런 뉴스에 정신이 팔리고 또 마음이 불편해진다. 그리고 그런 불편한 마음은 우리의 언어 사용에 그대로 묻어 나온다. '히틀러가 죽었다'라고 말하는 건 불편하지 않다. 히틀러는 악마니까. 하지만 친구나 가족들의 죽음에 대해 말할 때는 '돌아가셨다'라고 하는 편이 훨씬 부드럽고 완곡한 표현이다. '더 이상 볼 수 없다'라거나 '더 좋은 곳으로 떠나셨다', '하나님 품으로 가셨다' 같은 말도 완곡한 표현이다.

돌아가신 분에게 '그는 끝이다'라고 말하는 건 잔인하게 들리지만, '그는 돌아가셨다'라고 하면 훨씬 부드럽게 들리는 것도 흥미롭다. 아마도 '끝'이라는 말은 '현재'의 의미를 내포하고 있는데 '돌아가셨다'라고 하면 과거형으로, 죽음을 야기한 포식자가 사라졌음을 의미하기 때문일지도 모른다.

이런 조심스러운 단어 선택에서 드러나는 죽음에 대한 우리의 감정이야말로 우리가 주름살 제거를 위한 크림이나 하얀 이를 위한 미백 패치, 그 밖에 수많은 노화 방지 상품에 어마어마한 돈을 쓰게 만드는 원동력일 것이다.

많은 사람들이 얼굴 리프팅을 하고, 머리가 희끗해지기 시작하면 염색을 한다. 하지만 나는 늙은 얼굴을 좋아한다. 아마도 어릴 때 할머니들과 함께 살았기 때문인 것 같다. 나는 할머니들을 너무너무 사랑했다. 물론 그럼에도 나 역시 나이든 외모를 감추려고 최대한 꼿꼿한 자세로 걸으려고 할 때가 있다. 우리 같은 노인들은 고개를 앞으로 쭉 뺀 채 구부정하게 걷는 경우가 태반인데도 말이다.

턱을 똑바로 들고 허리를 꼿꼿이 펴면 그렇게 심하게 나이든 표시가 나지 않는다. 내가 왜 그러는지 이유는 잘 모르겠다. 아마 나 역시 다른 사람들처럼 마음 깊숙한 곳에 선사시대의 기억을 가지고 있기 때문이 아닐까. 포식자들이 약해 보이는 사람을 쫓아다니던 그 옛날의 기억을 말이다.

우리는 의식적으로 더 젊거나 더 잘생겨 보이고 싶어 한다. 하지만 그게 왜 늙어 보이는 것보다 나은 걸까? 우리에게 죽음에 대한 두려움이 내재되어 있기 때문은 아닐까? 그래서 자신을 숨기고, 겁쟁이처럼 보이지 않으려 하고, 눈치도 더 빨라지는 게 아닐까? 동물도 죽음을 무서워한다. 심지어 곤충도 마찬가지다. 그래서 그들도 죽음을 피하기 위해 자기가 할 수 있는 최선을 다한다.

나는 동물들이 죽음의 위험에 처했을 때 보인 놀라운 행동들을 네 번 정도 목격한 적이 있다. 비슷한 상황에서 우리가 느낄 만한 감정을 그대로 보여주는 반응이었다. 하나는 다람쥐가 보인 반응이었고, 다른 하나는 너구리가, 세 번째는 들쥐, 마지막은 사자의 반응이었다.

다람쥐의 경우는 내가 2차선 도로를 시속 50킬로미터 정도로 운전하고 있을 때였다. 그때 다람쥐 한 마리가 갑자기 내 앞으로 달려들어 길을 건너기 시작했다. 그런데 내 차가 자신을 향해 달려오는 것을 본 다람쥐는 죽음이 임박했다는 것을 알았는지 앞발로 눈을 감쌌다. 같은 도로를 달릴 때, 너구리가 수풀 속에서 내 차 앞으로 달려 나온 적도 있다. 그 너구리 역시 곧 차 밑에 깔려 죽게 될 것을 직감한 듯 앞발로 눈을 감쌌다.

들쥐의 경우는, 우리 집 현관 한쪽 구석에서 목격했다. 우리 집 고양이 두 마리가 양옆에서 다가오자 들쥐는 도망갈데가 없다고 깨달은 모양이었다. 꼼짝없이 그 자리에서 고양이들에게 잡아먹힌다는 걸 직감했는지 들쥐 역시 앞발로 눈을 감쌌다.

사자의 반응도 본 적이 있다. 당당한 위용을 갖춘 어른 사자 한 마리가 어느 농장 주인이 쏜 총에 맞아 거의 죽을 지경이 되었다. 칠흑 같은 밤이라 농장 주인은 당장 사자를 따라가 끝장내버리기가 겁이 났다. 상처 입은 채 돌아다니는 사자는 더 위험하기 때문이다. 결국 사자를 죽이는 임무는 내 동생과 내 친구에게 맡겨졌다.

그들이 농장주보다 더 용감했기 때문이다. 그들은 손전등과 소총을 들고 사자를 찾아 나섰고, 나도 뒤를 따랐다. 우리는 덤불 속에서 총상을 입은 사자를 발견했는데, 사자는 발자국 소리를 들었는지 우리를 물끄러미 쳐다보고 있었다. 내 친구가 소총을 들어 올리자 사자는 고개를 돌리고 눈을 감았다.

나는 다람쥐를 구했고, 너구리도 구했다. 차를 왼쪽 도로로 획 꺾을 수 있었기 때문이다. 다행히 맞은편에서 오는 차는 없었다. 다람쥐는 빠르게 달려 도로를 건넜고, 너구리는 오던 길을 되돌아 수풀 속으로 사라졌다. 들쥐는 내가 잽싸게 고양이 앞으로 달려 나가 구했다. 고양이가 고개를 들어 나를 빤히 쳐다보는 사이에 들쥐는 기회를 잡았다 여기고는 재빨리 사라져버렸다.

하지만 사자는 구하지 못했다. 이미 60년도 더 된 일이지만, 아직도 그 사자가 눈에 선하다. 그 사자는 다른 사자들과 무리 지어 있었는데, 처음에 농장주가 다른 사자를 먼저 쏘았기 때문에 그 사자도 소총의 위력을 알았을 것이 분명하다. 어쩌면 앞으로 자신에게 어떤 일이 벌어질지도 이미 직감했었는지도 모르겠다.

5장

기억의 저편
어딘가에 있는

나에게 '노화'는 머릿속 어딘가에 위험한 질병 같은 것으로 자리 잡고 있는 듯 같다. 내가 40대 후반, 아니 50대로 막 접어들 무렵부터 시작된 불쾌한 훼방꾼 같은 것일지도 모른다. 당시 나는 내가 나름 늙었다고 생각했고, 그때부터 현재의 나이에 한 살씩 더하기 시작했다. 그러면 생일날 한 살 더 먹어도 그리 큰 충격에 빠지지 않고, 오히려 새로운 숫자에 마음 편히 적응할 수 있다고 여겼다.

나는 지금까지도 줄곧 그렇게 하고 있다. 그래서 이 글을 쓰는 순간에도 나는 여든여덟 살이라고 말할 수 있다. 실제로는 여든일곱 살인데, 생일이 되면 진짜 여든여덟 살이 된다. 여든여덟 살이란 나이는 아흔 살에 아주 가까워지는 것이지만, 나는 벌써부터 아흔 살이라는 생각에 익숙해졌기 때문에 여든아홉 살이 되는 것에도 대비를 더 잘할 수 있을 것 같다. 물론 그냥 지금 아흔 살이라고 말해야 할 것 같기도 하지만,

아흔 살은 정말로 늙은 것이라 그 나이에 적응하려면 그래도 한 2년은 걸리지 않을까?

나는 왜 이러는 것일까? 죽음에 별로 신경도 안 쓴다면서, 또 그렇게 생각한다면서 말이다. 죽음이 진짜 문제가 아닐지도 모른다. 아마 나는 내가 스스로 밝힌 나이보다 실제로는 약간 더 젊다고 느끼기 때문에 노화를 조금이라도 늦추고 싶어서 이러는 게 아닐까 싶다. 여든일곱 살에도 건강하니 여든여덟 살의 나이에도 모든 게 괜찮을 것이고, 이미 그 나이가 된 척하는 게 나의 이런 생각을 더 확실하게 해주기 때문이 아닐까?

현실이 우리를 심란하게 만들 때는 슬쩍 회피하는 게 도움이 된다. 예를 들어 자동차의 휘발유가 완전히 떨어지기를 기다리느니, 나는 절반으로 떨어졌을 때 곧장 기름을 채운다. 완전히 텅 빈 기름통에 기름을 채우는 것보다 반쯤 채워져 있는 통에 주유를 하는 게 돈이 덜 들기 때문이다.

내 말에 전혀 근거가 없을 수도 있지만, 돈을 아꼈다는 착각만으로도 기분이 좋아지니 크게 상관없다. 같은 법칙을 노화에도 적용할 수 있다. 여기서 핵심은 '기분'이다. 언제 주유를 하든 상관없이 나는 언제나 똑같은 양의 기름이 필요하기 때문이다. 물론 실제로 내가 밝힌 나이만큼 늙지 않았다 해도 그게 내가 노쇠해지지 않았다는 걸 뜻하지는 않는다.

그래서 나는 때때로 내 자신을 테스트한다. 내가 잘 잊는 것들을 잘 잊는 순서대로 다시 기억해내기 위해 노력한다. 우선 사람 이름이 그렇다. 사람들은 대개 이름을 깜박깜박한다. 우리가 산속에서 살던 고대에도 분명 개개인을 특정하게 부르는 방식이 있었을 테지만, 지금과 같은 방식은 아니었을 것이다.

나는 우리에게 이름에 대한 본능이 없기 때문에 이름을 깜박하는 게 아닐까 싶다. 이름을 인식하고, 이름으로 할 수 있는 일들을 인지하는 뇌세포가 없거나 진화되지 않은 탓에, 뇌가 이름을 중요하게 생각하지 못하는 것일 수도 있다. 이는 진화 과정에서 모든 인간에게 생긴 전혀 도움이 안 되는 부작용이다. 문명인이라는 현재의 조건에서 이름이 우리에게 얼마나 중요한가 말이다.

이런 상황을 우리의 뇌가 크게 신경 쓰는 것도 아니다. 예를 들어 어느 날, 내 친구가 전화로 근처 서점 주인의 이름을 물어왔다. 서점 주인은 마을의 기둥 같은 존재로, 모두 존경하고 좋아하는 사람이다. 나는 당연히 그의 이름을 잘 알고 있었지만, 무슨 까닭인지 이름이 입안에서만 빙빙 맴돌았다. 이름을 떠올리려고 머리를 쥐어짜 보았지만 내 머리가 그걸 거역했다. 나는 친구에게 잠깐만 전화를 끊어보라고 말할 수밖에 없었다.

언젠가부터 사람들의 이름이 생각날 듯 나지 않게 되었다. 나는 나만의 명상법을 실행해보기로 했다. 고개를 들어 나무와 구름 사이로 비치는 하늘을 바라보면서, 그 광경을 모두 내 안으로 받아들였다. 가끔 이렇게 하면 머릿속을 어지럽히는 것들이 완전히 사라지고 내게 필요한 것만 찾게 해주는 것 같았다.

하지만 이번에는 아니었다. 이름에 집중하는 뇌라면 서점 주인을 한 번도 못 만난 것처럼 그렇게 작동하지 않을 수가 없었다. 나는 뇌를 향해 말을 건넸다.

"흥! 그래, 너 잘났다. 이름 같은 거 나도 상관없어."

하지만 나의 뇌는 확고했다. 오히려 "네가 그렇게 삐딱하게 굴면 더욱 안 가르쳐줄 테다!"라고 말하는 듯했다. 희망이 보이지 않았다. 나는 엄청난 굴욕감을 느끼며 서점에 전화하여 직원에게 사장님 이름을 물어볼 수밖에 없었다.

"윌러드 윌리엄 씨요."

서점의 매니저는 두 번 생각할 필요도 없다는 듯이 곧바로 이름을 댔다.

"그렇지! 맞아! 도대체 몇 년을 알고 지낸 사람인데! 모르는 사람이 어디 있겠어? 누구한테 물어도 되었을 거야! 이름도 참 멋지지!"

나는 친구에게 다시 전화를 걸었다.

우리의 뇌가 정말 나를 돕지 않는다면, 가끔은 이처럼 다른 사람의 도움을 받아야 문제를 해결할 수 있다. 그런데 이보다 더 끔찍한 사건이 다시 그 서점에서 터졌다. 최근에 출간된 내 책의 인터뷰를 진행하기 위해 기다리던 때였다.

내 인터뷰를 보기 위해 많은 사람들이 모여들었다. 인터뷰가 시작되려는 순간, 나는 사람들 속에서 이웃사람 한 명을 발견했다. 내가 너무나 좋아하는 멋진 친구였다. 나는 너무 신이 나서 그에게 가서 인사를 하려 했다. 하지만 서점 주인의 이름을 자기 동의도 없이 알아낸 보복이라도 하듯, 나의 뇌가 또다시 나를 공격하기 시작했다.

책에 사인을 해주려는 순간, 그의 이름이 내 머리에서 잔인하게 지워져버린 것이다. 갑자기 온몸에 힘이 쭉 빠지고, 두려움에 빠져들었다. 나는 그 사람 앞에서 잠시 머뭇거리다 이렇게 말할 수밖에 없었다.

"내가 노망이 들었지, 치매인가 봐."

나는 그 친구에게 몇 번이고 사과를 했다. 그는 친절하고 이해심 많은 사람이라 절대 기분 나빠하지는 않았다. 하지만 나는 정말 그때만큼 당황스럽고 부끄러웠던 적이 없다. 이 글을 쓰는 지금은 그의 이름을 잘 알고 있다. 그날의 사건을 생각하면 아마 앞으로도 절대 잊는 일은 없을 것이다. 그의 이름은 '커비'였다.

이름 다음으로 내가 잘 잊는 것은 명사다. '쓰레받기'라는 단어가 생각이 나지 않아 '먼지를 한데 모으는 그게 뭐지? 평평하고 손잡이가 있는 그것?' 하면서 '그것'은 내가 가장 잘 쓰는 단어가 되었다. 하지만 신기하게도 명사는 그렇게 자주 잊어버리면서도 동사는 좀체 깜박하지 않는다.

심지어 잘 쓰지 않는 'slunk'나 'retrench'같은 단어도 기억하고 있다. 'slunk'는 '슬그머니 움직이다'라는 뜻을 가진 'slink'의 과거분사이고, 'retrench'는 어떤 경우 사용해야 할지 의견이 분분하지만 일반적으로 '줄이다', 또는 '없애다'로 쓰인다. 하나의 독립적인 말도 아니니 나 역시 거의 쓰지 않기에 잊어버려도 좋을 동사를 고르라면 아마 'retrench'가 될 것이다.

하지만 내가 까맣게 잊어버린 동사는 그게 아니었다. 어느 날, 나는 'broil'이란 동사를 잊어버렸다. 사람들과 함께 저녁을 먹던 중 남편이 양갈비를 굽기 위해 부엌에서 불을 피우기 시작했다. 남편은 양갈비를 너무 좋아해서 내가 해주지 않으면 자기가 직접 나서서라도 해 먹었다.

그러다 남편이 그만 불을 내고 말았다. 처음엔 소방차가 요란한 사이렌을 울리며 달려와 그 불을 껐다. 같은 일이 또 생기자―물론 또 소방관들이 왔지만― 이번에는 소방관들이 출동할 걸 알았을 텐데 왜 자기들이 먹을 음식은 만들지 않았느냐고 다그치듯 물었다. 이 사건은 아주 멋지고, 또한 굉장히 웃기는 이야기로 끝날 수도 있었다. 하지만 문제는 상황을 설명하는 데 필요한 동사가 전혀 기억나지 않는 데서 터졌다. 나는 '굽다'라는 뜻의 'broil'을 설명하기 위해 양갈비를 어떻게 요리하는지 하나하나 말하기 시작했다.

"왜 있잖아요, 오븐 안에서 제일 윗칸, 열선 바로 아래에 넣고 온도를 높게 올려서 음식을 만드는 거요."

"굽는 거요!"

옆 사람이 소리쳤다. 나는 미국인들이 실생활에서 가장 많이 사용하는 단어가 생각나지 않아 그 난리를 피웠던 것이다. 그렇게 이 이야기는 나의 건망증을 말할 때 가장 우울한 사례가 되고 말았다.

우리의 영장류 조상들은 철자법과는 아무 관계가 없었다. 그래서일까. 나의 뇌도 단어를 제대로 쓰는 기술에는 영 취미가 없는 것 같다. 나는 '노화'라는 의미의 'aging'이라는 단어 때문에 곤란을 겪은 적이 있다. 갑자기 이 단어가 'agging'처럼 보여 계속 그렇게 쓰는 것이다. 그러다 한동안은 영국식으로 'ageing'이라고 쓰기도 했는데, 조금 낫긴 하지만 미국에서는 여전히 틀린 철자다. 그래서 틀리게 쓰지 않으려고 항상 주의를 기울이지만 쓸 때마다 늘 틀리곤 한다.

다른 단어들 중에도 내가 분명히 알고 있지만 철자를 어떻게 쓰는지 생각이 안 나는 것들이 있다. 가끔은 전혀 알아볼 수 없는 단어도 등장하는데, 최근엔 '웃음'이라는 뜻인 'laugh'를 전혀 알아보지 못했다. 이 단어를 볼 때 조금이라도 정신이 다른 데 팔려 있으면 'augh' 부분만 도드라져 보인다. 그럼 나는 당연히 '애프(aff)'로 발음하지 않고 '오(aw)'로 발음한다.

그럼에도 내가 어떻게 아직 글을 쓸 수 있는지 그 이유를 잘 모르겠다. 그저 글을 쓸 수 있어서 감사할 따름이다. 글쓰기는 뇌의 다른 쪽이 담당하고 있는 게 분명한 것 같다. 사실 요즘에는 뇌 스스로가 자신이 항상 글을 써 온 것을 인식하는 듯하다. 그래서인지 내 생각을 자꾸 편집하려 든다.

젊었을 때 나는 주변 환경을 꽤 잘 기억했다. 집에 오면 부엌 조리대 위에 열쇠를 올려놓았는데, 그것을 아무 생각 없이 던져두더라도 나의 동선을 더듬으며 열쇠를 찾아내곤 했다. 이제 그런 능력은 사라졌다. 그런데 지금은 그런 기억력이 없다는 걸 자주 깜박하고는, 아직도 중요한 물건을 아무 데나 놓는다. 원래 물건을 두던 장소만 뒤적거리다 그게 없어진 사실을 뒤늦게 알아차린다. 그래서 요즘은 중요한 물건을 두는 장소를 혼잣말로 중얼거린다. 장소를 소리 내어 말해서 내 귀에 들리도록 말이다.

이것은 아주 괜찮은 방법이다. 최소한 나에게는 효과가 있다. 뇌는 자기가 보는 것보다 들리는 것에 더 관심을 가지기 때문이다. 시각과 청각은 뇌의 서로 다른 부분에서 관장하는 듯하고, 각각 관심사도 다른 것 같다. 나는 물건을 어디에 두었는지 스스로에게 환기시키고자 가끔 메모를 남겨두기도 하는데, 그러고 나선 그 메모를 잘 잃어버린다. 작은 종이쪽지 같은 데에다 적어놓고선 왜 메모했는지를 까맣게 잊어버린 채 그대로 스토브에 던져버린다.

물건을 1분 동안 바라보는 것도 도움이 된다. "손전등은 부엌 조리대 위에!" 나는 물건을 빤히 쳐다보면서 중얼거린다. 그럼 나중에 필요할 때 쉽게 찾는 경우가 있다. 하지만 이 방법이 항상 성공하는 건 아니라서 기억의 부재가 가끔 무서운 공포로 이어질 때도 있다.

얼마 전 나는 신용카드를 잃어버렸다. 있어야 할 자리에 카드가 없었다. 마트에서 떨어뜨린 건지, 아마존에서 책을 구입하려다 실패하고 그대로 컴퓨터 옆에 놔둔 건지 도통 기억이 나질 않았다. '마트 밖에서 떨어뜨렸으면 어떻게 하지?' 갑자기 도둑이 그 카드를 주워 요트를 결제하는 모습이 눈앞에 그려졌다. 나는 카드를 일시정지를 하든, 분실신고를 하고 해지를 하든, 다른 사람이 내 카드를 주워 사용하지 못하게 무엇이든 해야 했다.

하지만 카드번호가 생각나지 않았다. 어느 은행 카드인지도 전혀 생각이 나지 않았다. 마스터카드인 것만 겨우 생각이 났다. 인터넷으로 카드회사 전화번호를 알아내 전화를 했는데, 그때 참 어마어마한 경험을 했다. 광고를 50개나 듣고 나서야 진짜 상담원의 목소리를 듣게 된 것이다.

하지만 그 상담원이 미국 토박이가 아니었다. 내가 조금만 천천히 말해달라고 부탁하자, 그 여자는 도대체 내가 어느 대륙에서 전화를 하는 건지 되물었다. "유럽인가요? 아시아인가요?" 나는 미국에서 전화하고 있다고 또박또박 알려주었다. 그녀는 잠시 궁시렁거리더니 내 카드의 사용기록이 없다며, 더 확인하고 10분 뒤에 다시 전화를 하겠다고 했다. 그때가 오후 다섯 시였다.

나는 내 전화번호를 알려주고 전화를 끊었다. 그리고 전화를 기다렸다. 기다리고, 또 기다리고……. 엘리자베스나 토마스는 세계에서 두 번째라면 서러울 정도로 흔한 이름들이다. 엄청나게 많은 엘리자베스 토마스가 있을 텐데 누가 나인지 그녀가 어떻게 알아낸단 말인가?

밤 11시쯤에 전화가 왔다. 나는 이미 깊은 잠에 빠진 상태였지만, 침대에서 펄쩍 뛰어내려가 전화를 받았다. 그 여자는 다른 전화번호를 주면서, 자기가 너무 바빠서 내 기록을 찾을 수 없다고 했다. 나는 그 여자가 새로이 알려준 번호로 전화를 걸었지만 윙하는 소리만 내 마음을 애태웠다. 그 번호는 없는 번호였다.

아마도 나는 죽음을 두려워하지 않는 것 같다. 그 순간처럼 죽음이 해결책이 될 때가 가끔 있기 때문이다. 그때 내가 원했던 오직 한 가지는 그 문제의 끝장을 보는 것이었다. 나는 침대로 돌아와 이리저리 뒤척이다 잠이 들었고 악몽을 꾸었다. 어떤 사람이 내 카드로 으리으리한 저택을 사는 꿈이었다. 나는 잠에서 깨었고, 다시 한 번 힘을 내어 좋은 방법을 찾아보자고 중얼거렸다.

나는 크게 심호흡을 하고 하늘을 올려다보았다. 나는 하나님을 믿지 않지만, 그래도 기도를 드렸다. 하늘나라에 계신 친할머니가 생각났다. 이 세상에서 어느 누구도 할머니만큼 물건을 잘 찾는 사람은 없었다. 100세나 되셨을 때도 할머니가 기도만 하면 누가 무엇을 잃어버렸든 항상 그 물건이 할머니 앞에 나타났다.

이번에도 나는 기도에 대한 답을 받았다. 갑자기 내가 몇 년 전에 카드번호와 함께 급하면 전화를 걸 수 있도록 카드회사 전화번호까지 함께 적어둔 일이 생각난 것이다. 그 기억이 마치 사진으로 찍어둔 것처럼 선명하게 떠올랐다. 내가 중간 크기의 종이에 펜으로 숫자를 적는 모습이 눈앞에 생생하게 떠올랐다.

하지만 내 기억의 사진은, 내가 그 종이를 어떻게 했는지는 보여주지 않았다. 물론 종이는 집안에 있는 게 분명했다. 나는 종이를 찾기 시작했다. 몇 시간을 찾았는지 모르겠다. 그러다 제멋대로 쌓인 수많은 파일 속에서 그 메모를 찾아냈다. '신용카드'라고 적힌 파일에 들어 있었다. 나는 카드번호만 적어둔 게 아니라 카드 만료일도 적어두었고, 종이 뒷면에는 숫자로 된 비밀번호와 연락이 가능한 전화번호까지 적어두었다.

나에게 이런 정리 능력이 있었다니! 나는 당장 그 번호로 전화를 했고, 진짜 상담원의 목소리를 바로 들을 수 있었다. 카드를 바로 해지했고, 이틀 안에 새 카드를 받을 수 있다는 약속까지 받았다. 그리고 그 이후부터 나는 쭉 행복하게 살고 있다. 아니, 비교적 행복한 삶을 쭉 살고 있다. 그것도 아니라면, 비교적 행복한 삶을 잠시나마 누리고 있다.

게다가 상황은 더 좋아졌다. 텍사스에 사는 딸에게 전화를 걸어 그동안 벌어진 일을 말했더니, 다른 사람이 카드를 훔쳐가 물건을 샀다면 나는 아무 책임이 없다고 알려주었다. 그 아이 역시 도둑이 카드를 훔쳐가 5,000달러나 썼지만 자신은 아무 책임을 지지 않았다고 했다. 딸은 심지어 카드 청구서를 보고 나서야 그만한 금액이 청구된 것을 알았단다.

나는 불법으로 사용한 금액에 대해서는 전혀 책임이 없다는 사실을 까맣게 모르고—또는 알고 있었는데 잊어버렸거나—
끙끙 앓고 있었던 것이다. 하지만 이제는 잘 알게 되었고, 너무 강렬한 경험이라 아마도 영원히 기억할 수 있을 것 같다. 잘 기억할 수 있다고 생각하니 더 행복하게 느껴졌다. 이 모든 일이 실수였다고 해도 괜찮다. 어쨌든 나는 내 카드의 불법적인 사용에 대한 금액을 지불하지 않아도 된다. 나는 새 카드번호와 다른 모든 정보를 메모했고, 그것을 '신용카드'라고 적힌 파일에 다시 넣어 두었다. 그리고 필요할 때마다 그것을 꺼내볼 것이다.

신용카드 경험은 그렇게 행복하게 끝이 났다. 하지만 다른 많은 경험들은 그렇지 않았다. 갑자기 잃어버린 물건을 찾느라 내가 허비한 시간이 어느 정도 되는지 궁금해졌다. 보통 나는 잃어버린 물건을 찾는 데 15분에서 20분 정도 걸린다. 물론 더 걸릴 때도 있다.

하지만 내가 더 자주 깜박하기 시작하면서, 이제 한 달에 10시간 이상을 잃어버린 물건을 찾는 데 쓰고 있다. 그건 1년에 최소한 3개월은 아무 일도 하지 않고 오로지 물건만 찾아다닌다는 뜻이다. 그만하면 여행을 다녀와도 충분한 시간이다. 하지만 내가 한 선택을 보라! 그냥 물건만 찾아다니다니! 그간 얼마나 시간을 허비했는지 아예 몰랐으면 좋았을 것을.

나는 시간 낭비를 좋아하지 않는다. 이제 시간에 대한 감각이 달라졌기 때문이다. 나는 동트기 전에 일어나는데 어느 사이엔가 해가 벌써 지기 시작한다. 월요일에 일을 시작했는데 갑자기 일요일이 되어 있다. 일주일이 통째로 지나간 것이다! 사람들은 월요일보다 금요일을 좋아하지만, 나는 월요일이 더 좋다. 금요일이 되었다는 건 일주일이 다 가버렸다는 뜻이고, 그러면 나는 무슨 일이 생긴 것인지 어리둥절해한다.

세상이 바뀌었다. 그게 현실이다. 내가 어릴 때와 같은 것은 아무것도 남아 있지 않다. 사람들도 달라졌다. 달라진 세상에서, 이제 새로운 기술을 사용해야 한다. 하지만 그건 내 능력 밖의 일이다. 아들이 나에게 전화도 걸 수 있고, 계산도 할 수 있고, 날씨도 알 수 있고, 운전할 때 방향도 알려주고, 내가 도무지 알 수 없는 다른 많은 것을 할 수 있는 기계를 주었다. 사용법도 알려주었지만, 나는 아들이 무슨 말을 했는지 도통 기억이 나지 않았다.

그래서 나는 그저 전화만 걸 수 있는 휴대폰을 따로 구입했다. 거기에 줄을 달아 목에 걸고 다니고, 샤워할 때는 바닥에 빼둔다. 그럼 욕실에서 넘어져서 못 일어나도 911에 전화를 걸 수 있다. 샤워할 때마다 나는 항상 마음이 살짝 들뜨는데, 그게 뇌졸중의 신호가 될 수도 있다고 한다. 그러니 내가 생각하는 그런 일이 언제든 일어날 수 있으니 준비해야 하지 않겠는가.

나는 지난날 타자기 쓰듯 컴퓨터를 사용한다. 타자기는 컴퓨터 키보드처럼 생긴 구식 기계로, 알파벳이 적힌 자판을 손가락으로 또각또각 치면 종이에 글자가 찍히는 기계다. 요즘은 모든 세상이 인터넷 중심으로 돌아가기에 나는 컴퓨터로 이메일을 보낸다. 하지만 자주 같은 실수를 반복하다 보니 때때로 대혼란이 일어나기도 한다. 그 혼란을 수습하려면 또 많은 시간이 걸린다.

그런데도 나는 컴퓨터로 글을 쓴다. 타자기가 발명되었을 때 사람들이 손글씨보다 타자기를 선호한 것과 비슷하다. 컴퓨터로 쓰면 손으로 쓴 원고만큼 글의 내용이 좋지 않을지 몰라도, 글을 쓰는 속도가 훨씬 더 빠르니 좋다. 그런데 내 컴퓨터는 자기 생각이란 걸 가지고 있는 것 같다. 나보다 자기가 더 많은 걸 알고 있다고 생각하는 모양인지 가끔 자기 멋대로 단어를 바꾸어버린다. 그럼 나는 또 그걸 바로 잡느라 다시 시간을 허비해야 한다.

다행히 나는 훌륭한 직원들이 일하는 컴퓨터 회사의 고객이라 그들이 내 컴퓨터에 접속하여 문제를 고쳐준다. 나는 나중에 똑같은 문제가 생기면 혼자 고쳐보겠다고, 그들이 어떻게 문제를 해결하는지 열심히 지켜보았다. 하지만 도둑질도 해본 놈이 한다고, 그 과정이 복잡하고 어렵게 보여 결국 배우지 않기로 했다.

그때 친할머니 생각이 났다. 남북전쟁 때 태어나신 할머니는 전화기를 무서워했다. 전화를 받을 만한 다른 어른이 집에 없을 때 전화가 오면, 할머니는 전쟁에라도 나가듯 단단히 결심을 하고서야 수화기를 드셨다. 그리고 고래고래 소리를 질렀다.

"마샬, 부, 부인……은……집에……없어요!"

그러고는 단호하게 전화를 끊어버렸다. 내 어머니가 마샬 부인이지만, 할머니 역시 남편 성(姓)을 따라 마샬 부인이었다. 할머니가 일흔 살이 되어서야 전화가 널리 퍼졌기 때문에 할머니는 자신을 찾는 전화가 오리라고 전혀 생각하지 않았던 것이다.

하지만 할머니를 찾는 전화가 아주 없는 것은 아니었다. 내가 열 몇 살 때쯤, 집에 문이 잠겨 이웃집에 가서 집으로 전화를 한 적이 있다. 그때 할머니는 현관에 나가보는 것도 좋아하지 않을 때였는데, 불행히 나에겐 열쇠가 없었다. 한참 전화벨이 울린 뒤에 드디어 할머니가 수화기를 들었다. 할머니는 소리를 지르기 시작했다.

"마샬 부인은……."

그때 내가 소리쳤다.

"할머니, 할머니, 저예요!"

하지만 할머니는 지금의 나처럼 귀가 좋지 않았다. 할머니는 예외 없이 전화를 뚝 끊어버렸다. 그래서인지 휴대폰이나 컴퓨터 사용법을 몰라 헤맬 때마다 나는 할머니 생각이 난다.

나는 이제 길게 숨을 내쉬며, 지나간 좋은 시절을 생각한다. 모든 게 단순하고 간단하던 그 시절을. 필요한 게 어디 있는지 잘 알았고, 또 그걸 어떻게 사용하는지도 잘 알았던 시절을 말이다.

나는 아버지가 1935년에 직접 지은 시골집에서 아직 살고 있다. 부엌에는 스토브 두 개가 있는데, 하나는 1800년대식으로 장작을 넣어 사용하는 것이다. 이 스토브는 처음 만들어졌을 때만큼이나 여전히 화력이 좋고, 기능들도 모두 '직관적'이다. 어떻게 작동하는지 배울 필요도 없이, 그냥 한 번 보기만 하면 바로 알 수 있다. 장작을 넣고 종이도 함께 넣은 뒤 불붙인 성냥만 던져 넣으면 불이 붙는, 바로 그런 단순함이 녹아 있다.

나는 이 스토브가 요즘 만들어지는 가전제품들보다 훨씬 좋다. 집을 덥히고 음식을 할 수 있는 게 전부지만 나에게는 다른 옵션 기능들이 필요가 없다. 나는 이 스토브처럼 내게 친숙한 물건들을 가능한 한 가까이 두고 싶다. 이런 익숙한 물건들은 마음도 고요하게 해주는 듯하니까.

나는 세탁기가 나오기 전에 쓰던 빨래판도 아직 가지고 있다. 빨래를 밖에서 말릴 때 쓰던 빨래집게도 있다. 요즘은 세탁기를 사용하니 빨래판은 필요가 없고, 건조할 때도 가끔 밖에서 빨랫줄에 널어 말리기도 하지만 아무래도 건조기를 더 많이 쓴다.

또 나는 냉장고를 '아이스박스'라고 부른다. 얼어붙은 호수에서 얼음을 채취한 뒤 덮개로 덮어 그늘에서 보관하던 시대에 부르던 이름이다. 그렇게 보관하다가 집에서 필요할 때마다 얼음을 가져오곤 하던 때가 있었는데 말이다. 요즘도 나는 누가 우유를 찾으면 이렇게 말하곤 한다.

"아이스박스에 있어."

그러면 나이 든 사람들은 아무 신경도 쓰지 않는데, 젊은 사람들은 이상하게 쳐다본다. 시대가 너무 빠르게 변하는 것 같다. 아들네 집에는 작고 동그란, 구글 뭐라는 물건이 있는데, 중간에 구멍만 없다 뿐이지 크기와 모양이 도넛과 비슷하다. 신기하게도 사람이 질문을 물으면 답을 해준다고 한다.

그 물건은 분명 우리가 방에서 하는 말을 다 들을 텐데, 그러면 우리가 하는 말을 구글로 옮기지 않을까? 그래서 만약 세금을 조작하고 싶다든가, 술에 취한 듯한 목소리로 운전을 하고 싶다고 말할 때에는 다른 방으로 옮겨가는 게 좋지 않을까라는 생각이 든다. 어쨌든, 구글 뭐시기는 한마디로 요물이다. 나는 선반 위에 그 구글 뭐시기와 나란히 놓인 내 유선 전화와 브리태니커 백과사전(18세기 스코틀랜드에서 만들어져 현재까지 출판되고 있는 가장 오래된 백과사전 — 옮긴이)을 물끄러미 바라보며 이렇게 중얼거린다.

"그래, 저거면 충분하지."

6장

노년은 좋다, 문제를 잘 해결할 수만 있다면

어느 날, 나는 내가 집안의 낡은 구식 스토브만큼 잘 움직이고 있는지 따져보다가 그만 좌절하고 말았다. 노인들은 자기 방식에 굳어져 똑같은 실수를 계속 반복하는 경향이 있는데, 나는 내가 물건을 찾느라 얼마나 많은 시간을 허비하고 있는지를 깨닫고는 적잖이 당황한 것이다.

나는 부엌에 들어가 현대식 스토브 앞에 섰다. 그것은 구식 스토브 가까이에 놓여 있는데, 전기로 작동되고 타이머도 달려 있다. 나는 왼쪽 집게손가락을 오른쪽 손목에 갖다 대었다. 그럼 동맥인지 모세혈관인지 그게 뭐든 움직이는 게 느껴진다. 피가 혈관을 잘 통과하고 있고, 무엇보다 심장이 쉬지 않고 뛰고 있는 덕분이다.

나는 스토브의 타이머를 1분에 맞춰놓고 맥박수를 재기 시작했다. 타이머가 울렸고, 심장이 정확히 80회 뛰었다. '와, 80회라니!' 이건 심장이 1초에 한 번 이상 뛴다는 얘기다. 그렇다는 것은 내 심장이 1시간에 4,800회를 뛴다는 뜻이고, 거기에 24를 곱하면 하루에 심장이 115,200회를 뛴다는 얘기가 되었다.

나는 여기에 다시 365를 곱했고, 그 결과로 나온 숫자는 너무나 커서 읽기조차 어려웠다. 내 심장은 1년에 42,048,000회나 뛰고 있었다. 이 말의 의미는 내가 태어나서 맥박을 혼자 재어본 날까지 심장이 총 3,668,774,400회나 뛰었다는 얘기로, 아마 실제 숫자는 이보다 더 많을 것이다. 내가 태아일 때부터 심장이 뛰기 시작했고, 맥박을 재는 그 순간에도 심장이 뛰고 있었으니 말이다.

이런 사실을 알고 보니, 새삼 인간의 심장에 경의를 표하고 싶어졌다. 해가 가고 날이 가도 잠시도 쉬지 않고 혈관을 통해 산소와 영양분을 온몸으로 공급하고, 내 몸이 거부한 이산화탄소를 폐로 운반하여 몸 밖으로 내뿜게 하고, 물기가 있는 찌꺼기는 방광으로 가져가 소변으로 배출시키는 일을 하는 심장에게 말이다.

내 심장은 잘 알고 있다. 만약 자신이 일을 멈추면 몸의 나머지 기관들도 함께 멈춘다는 사실을. 그리고 멈추게 되면 내가 공원묘지의 언덕 너머 북쪽에 준비해둔 무덤에 들어가게 된다는 사실도.

하지만 아무리 그렇다 해도 내 심장이 87년을 쉬지 않고 뛰어왔다는 것은 참으로 대단한 업적이다. 요즘 만들어진 첨단기계라 해도 그만한 기록을 자랑할 수 있는 물건이 있을까. 나는 내 심장이 무척 자랑스러워졌다.

그런데 내 심장에 대해 곰곰이 생각해보니, 마지막 숫자는 너무 크다는 생각이 들었다. 심장은 영원히 그렇게 일할 수가 없다. 차라리 그 숫자를 몰랐으면 좋았을 걸 하는 후회가 밀려들었다. 내 본능이 숨어 있는 무의식의 세계에서 그 숫자가 죽음의 이미지를 계속 만들어낼 것만 같았다.

나는 언젠가부터 몸의 어딘가가 좋지 않다는 느낌을 매일 받는다. 최근에는 머리가 약간 어지러운 느낌이 들기 시작했다. 이게 뭘 의미하는지는 모르지만, 두피가 가끔씩 간질간질하는 게 꼭 머리가 하늘로 날아갈 것 같은 느낌이 들 때가 있다. 인터넷으로 증상을 찾아보았다. 어느 사이트를 보니 일곱 가지 이유가 적혀 있었는데, 첫 번째가 뇌졸중 때문에 나타나는 증상이라고 했다. 나는 그 말이 너무 거슬려서 읽기를 멈췄고, 나머지 이유들은 보지 않기로 했다.

대신 샤워하는 방법을 바꾸었다. 나는 이제 바로 서서 샤워하지 않고 벽에 비스듬히 기대어 선다. 그럼 샤워를 하다가 뇌졸중이 와도 벽에 기댄 채 쓰러져 바닥에 주저앉게 될 테니, 앞으로 넘어져서 이마를 깨는 일은 없을 것이다. 휴대폰도 손이 닿을 수 있도록 샤워실 안쪽의 모서리 선반에 올려둔다.

예전에 읽었던 아브람 콜리에르(Abram Collier)의 《노년
: 최고의 나이(Old Age: the Best Age)》라는 책이 떠오른다.
이 책의 제목에서 나는 '최고'라는 말의 의미를 잘 모르겠다.
대신 이런 제목이 낫지 않을까? 《노년은 좋다, 문제를 잘 해
결할 수만 있다면(Old Age Is Okay: If You Can Handle the
Problems)》이라고 말이다.

나는 점점 기력을 잃어가고 있다. 왕년에는 45킬로그램 정
도는 너끈히 들었고, 더 무거운 것도 들 수 있었다. 남편도 들
어 올린 적이 있다. 남편은 72킬로그램 정도였는데, 내가 뒤
에서 허리를 감싸 안고 번쩍 들어 좌우로 흔들면 남편은 깜
짝 놀라곤 했다. 그런데 나이가 들면서 모든 것들이 무겁게
느껴진다. 예전에는 10킬로그램으로 느껴졌던 것이 이제는
40킬로그램만큼 무겁게 느껴진다. 지금은 5킬로그램도 안
되는 물건을 들 때도 약간 머뭇거리게 된다. 그게 내 몸에 얼
마나 큰 부담이 될지 살짝 걱정도 된다.

옛날에는 굵직굵직한, 그게 뭐였더라? 통나무? 나뭇가지?
여하튼 그런 것들을 무더기로 날랐다. 나무 조각들을 지하에
쌓아두고, 앞에서 말한 구식 스토브에 넣어 태웠다. 요즘은
한 번에 두 개씩만 나른다. 그런데 이제는 무게와 별개로 감
수해야 할 다른 위험이 생겼다. 지하로 가는 계단이 몹시 어

둥고 고르지 못하기에 오르락내리락하다 굴러 떨어질 수도 있기 때문이다.

게다가 나는 하루가 다르게 쪼그라들고 있다. 젊었을 때 내 키는 158센티미터였는데, 어찌된 일인지 언젠가부터 5센티미터를 잃어버렸다. 내가 아는 사람들 중에는 나보다 키가 더 심하게 쪼그라든 사람도 있다. 만약 내가 지금보다 더 쪼그라든다면 이 집안에서 내 손이 닿지 않는 것들이 훨씬 더 늘어날 것이다. 이런 건 정말 단점이다.

물론 쪼그라드는 현상엔 놀라운 점도 있다. 언뜻 키가 작아지면 옆으로 넓어진다고 생각하기 쉽다. 우리 몸의 총질량은 같아야 하니 말이다. 하지만 그런 일은 일어나지 않는다. 키가 작아지는 데도 다행히 겉모습은 크게 달라지지 않는다.

또 이상한 점은, 치아는 쪼그라들지 않는다는 것이다. 어느 날, 나는 예전에는 서로 아주 살짝 닿던 치아가 이제는 꽉 맞물린다는 느낌을 받았다. 그래서인지 요즘에는 양배추나 상추처럼 야채류를 먹을 때 어금니에 야채 줄기 같은 게 끼어 치실로 세심하게 이 사이를 청소해야 했다.

그런데 이렇게 치아가 꽉 맞물리고 신체 사이즈가 달라지는 게 중요한 일일까? 치아를 청소하는 데 시간이 좀 더 걸리고, 예전과 달리 손에 닿지 않는 물건들이 많아지고, 옷이 조금 헐렁해지는 걸 제외한다면 말이다. 물론 예전에는 내 다리에 딱 맞던 청바지가 지금은 헐렁하게 흘러내려 발목 근처에서 지저분하게 주름이 잡혀 보기 좋지는 않다. 하지만 그게 뭐 어때서?

정말 중요하게 생각해야 할 일은 내 뼈가 약해지고 있다는 사실이다. 한밤중에 복도를 따라 걷다가 나는 그걸 새삼 깨달았다. 어두운 복도를 걸어가다 나는 개에 걸려 옆으로 넘어졌는데, 다행히 개는 다치지 않았고 나도 그렇게 세게 넘어지진 않았지만 맙소사, 내 엉덩이뼈가 부러지고 말았다.

이제는 뼈를 좀 더 강화시키거나, 아니면 최소한 현재 상태를 유지하기 위해서라도 무슨 조치가 필요하다는 신호였다. 그 후부터 나는 한 달에 한 번, 뼈 강화제를 복용한다. 한 달이 너무 빨리 지나가는 바람에 엊그제 약을 먹은 것 같은 느낌이 들어, 곧잘 약을 안 먹고 그냥 건너뛰는 일은 문제지만 말이다.

당시 부러진 엉덩이뼈는 의사 선생님이 고쳐주셨다. 부러진 엉덩이뼈를 고이 모아 못으로 고정했다고 한다. 그렇다, 정말로 '못'으로 고정했다고 하는데, 사실일 것이다. 의사 선생님이 내 뼛조각들을 하나로 모아 못으로 고정하고, 그 위를 톡톡 망치질하는 동안 아무 의식 없이 수술대 위에 널브러져 있었을 내 모습이 눈앞에 그려졌다. 그리고 그런 망치질 때문에 내 몸의 다른 부분이 다치진 않았을지도 궁금해졌다.

그 수술 이후, 나는 아무 이유 없이 뭔가를 차듯이 다리를 뻗고 싶어 깜짝깜짝 놀라는 '하지 불안 증후군'이란 걸 앓고 있다. 이 증상은 주로 누워 있거나 앉아 있는 등의 휴식시간 동안 하지에 근질거리는 이상 감각과 함께 다리를 움직이고 싶은 충동을 일으킨다. 밤에 잠을 자려고 할 때 정말로 성가신 증상이다. 하지만 다행히 이런 문제에 도움이 되는 약이 존재한다.

또 나는 안약도 꾸준히 넣어야 한다. 매달 열심히 삼켜야 하는 뼈 강화제를 깜박하고 거른 적은 있어도 안약은 절대 빼먹지 않는다. 현재 녹내장이 진행 중이기 때문이다. 녹내장 때문에 주변 시야가 많이 좁아지고, 그밖에 다른 불편한 점들도 많이 생겼다. 안약을 넣지 않으면 아예 시력을 잃을지도 모른다는 걱정 때문에 결코 빼먹지 않는다.

녹내장을 앓고 있는 한 친구를 알고 있는데, 그는 어느 날 아침 눈을 뜨고 보니 눈앞이 깜깜하여 아무것도 보이지 않았다고 한다. 얼마나 무서웠을까? 그런 일이 나에게도 일어난다면 정말 끔찍한 일이 될 것이다. 우리 집에는 나 말고 다른 사람도 없거니와, 지금의 미약한 시력으로도 이미 아무것도 찾을 수 없으니 말이다. 시력을 잃게 되는 상황은 최대한 오래 피하고 싶다.

청력도 역시 나날이 약해지고 있다. 나는 청력 손실과 알츠

하이머가 서로 관련이 있다는 사실을 알게 되었다. 몹시 언짢은 뉴스였다. 내가 저지른 실수들이 나의 부주의 때문일까, 아니면 알츠하이머가 오고 있다는 증거일까? 요실금, 변실금, 끙끙 신음소리를 내거나 짜증을 부리며 툴툴거리는 것 등등. 모두 이 끔찍한 증상의 전조라는 데 말이다.

다행히 대장은 아직 조절이 잘된다. 갑자기 기침을 할 때나 물이 흐르는 소리가 들리는 몇몇 경우를 제외하곤 바지에 지리지도 않는다. 나는 가끔 끙끙거리지만 짜증을 부리는 일이 드물고, 아직은 덜 투덜거리니 희망이 조금은 있지 않을까?

내가 가장 좋아하는 말이 "그것"이라면, 오랫동안 두 번째로 좋아한 말은 "뭐요?"다. 내가 이걸 깨닫게 된 것은 어느 보청기 전문 청능사가 "청력이 약해지고 있다고 느끼시나요?"라고 물었을 때다. 나는 "뭐요?"라고 물었다. 이 말인즉슨, 내 청력이 정말로 약해지고 있다는 뜻이었다.

청력이 약해지면 상대가 말하는 소리는 들리지만 그 내용을 띄엄띄엄 알아들을 뿐이다. 듣지 못한 말이 궁금하면 사람들에게 다시 말해달라고 부탁해야 하고, 두 손을 귀에다 대고 말하는 사람 쪽으로 몸을 기울여야 한다.

청능사는 내게 보청기를 권했다. 가격이 얼마쯤 하냐고 물었더니, 내가 써야 하는 건 3,000달러 정도라고 했다. 가격이 너무 터무니없다고 말하려는데 그게 한쪽 보청기 값이라고 했다. 내가 얼마나 놀랐을지 상상이 되는가? 양쪽 귀에 보청기를 끼려면 6,000달러가 필요하다니. 나는 내 자신에게 그만큼의 돈을 쓰는 사람이 아니다. 나는 결국 "뭐요?"라는 말과 함께하는 삶을 살기로 결심했다.

하지만 걱정은 계속 나를 쫓아왔다. 뇌는 어떻게 하지? 우리는 귀가 아닌 뇌로 소리를 듣는다. 귀가 고막을 통해 찾아낸 전자신호를 뇌가 처리하여 몸 내부로 전달한다. 귀가 어떤 점에서 눈과 비슷하다는 얘기다. 동그란 눈알은 뇌의 일부분으로, 얼굴 밖으로 돌출되어 있어 시각 신호를 감지한다. 귀 역시 동그란 컵 모양으로 머리에서 밖으로 튀어나와 고막으로 소리를 포착한 후, 뇌로 전달한다. 그러면 뇌가 그 소리의 뜻을 판단한다.

뇌세포는 그 뜻을 잠시 저장할 수 있을 뿐, 계속 새로운 세포로 교체된다. 만약 당신의 청력이 몇 년 간 지속적으로 약해진다면 그 소리의 뜻이 뭔지 아는 세포가 사라지고, 무슨 소리인지 전혀 알아듣지 못하는 세포들이 그 자리를 차지하게 된 것이다. 이것은 뇌에 나쁠뿐더러 치매의 원인이라고도 알려져 있다.

아기가 세상에 태어나자마자 우는 이유는 아기의 뇌에 아무런 교육이 되어 있지 않기 때문이다. 아무것도 없는 새로운 뇌에 빛, 소리, 냄새, 촉감, 그리고 다른 모든 신호들이 쓰나미처럼 밀려드니 아기는 그게 대체 무엇인지 알 수가 없어 우는 것이다. 그 조그만 아기는 도대체 무슨 일이 벌어지고 있는지 이해할 수 없고, 당연히 자신이 처한 상황을 어떻게 해결해야 하는지도 모른다. 아기들에게 그런 스트레스를 해소할 방법은 오직 우는 것밖에 없다.

나이가 들면 이 문제가 거꾸로 적용된다. 예를 들어 당신이 청개구리 소리를 들었다고 하자. 청개구리가 울긴 우는데 예전만큼 소리가 크지 않다. 소리가 거의 들리지 않을 정도로 아주 작게 들린다. 그러면 당신은 청개구리들이 옛날만큼 가까이서 울지 않는 것인가 하고 생각한다. 하지만 실제로는 청력이 약해지고 있는 것이다.

아마 1, 2년 후에는 청개구리 소리를 완전히 듣지 못하고 '청개구리들이 왜 모두 없어진 거지?' 하고 의아해할 수도 있다. 사실은 청개구리 소리를 인지하고 있던 세포가 그 정보를 처리하지 못하는 세포로 교체된 것인데 말이다. 우리의 뇌가 쇠퇴되었다는 신호인데 말이다.

그렇다, 나의 뇌도 분명히 쇠퇴하고 있다. 이건 우리가 가진 수많은 문제들에게도 악재다. 문제를 풀기 위해 기다리면 기다릴수록 결과는 더 나빠질 것이다. 나는 더 이상 "뭐요?"라고 묻지 않기로 했다. 하지만 그렇다고 보청기를 사느라 6,000달러를 쓰기보다 우선 보청기의 종류를 좀 자세히 살펴보기로 했다. 그리고 결국, 아주 저렴한 가격의 보청기 몇 개를 발견했다. 가장 싼 것은 한쪽 귀에 40달러짜리, 즉 한 쌍에 80달러였다. 100달러에서 500달러짜리도 있었다. 그렇다면 양쪽 보청기 가격이 200달러에서 1,000달러면 된다는 얘기다.

보청기는 인터넷이나 월마트 같은 대형마트에서도 구입할 수 있다. 찾는 노력만큼 선택의 폭도 넓어진다. 워낙 종류가 여러 가지고, 사람의 귀 모양도 저마다 다르기 때문이다. 그래서 나는 보청기 전문 청능사들을 다시 만나보기로 했다.

청능사와 약속을 잡으려고 보니, 전문 청능사가 추천하는 보청기도─최소한 내가 사는 지역에서는─한쪽에 3,000달러로, 가격이 대개 비슷하다는 걸 알게 되었다. 그건 나쁜 소식이었지만 믿을 만한 청능사가 청력검사를 하기에 내가 앓는 청력 손실의 종류를 파악할 수 있었고, 내게 딱 맞는 보청기를 찾을 수 있다는 점에서 유익했다.

그중 두 명의 청능사는 몇 달 동안 보청기를 써보고 나에게 맞지 않으면 반납해도 된다고 친절하게 알려주었다. 문제가 무엇인지 묻지 않고 전액 환불해주겠다는 얘기다. 그들은 내 귀를 테스트하고, 나의 청력 상태에 맞는 보청기를 찾아주었다. 그들 모두 보청기를 낀 나를 밖으로 데리고 나가 성능 테스트도 해주었다.

첫 번째 청능사의 보청기를 꼈을 때는 아주 고음의 새소리를 들을 수 있었다. 와! 내가 그런 새소리를 들었던 게 언제였던가! 예전에 그런 새소리를 알고 있었다는 게 신기했다. 뒤이어 청능사는 보통 크기의 목소리로 나에게 질문을 했다. 그의 목소리는 아주 잘 들렸다. 심지어 약 10미터 밖에서 말을 했는데도 말이다. 최소한 내가 대답을 하려고 입을 열기 전까지는 그 보청기가 정말 괜찮다고 생각했다.

그런데 내가 입을 떼자마자 뇌가 흔들릴 만큼 어마어마한 소리가 들렸다. 이게 도대체 누구의 소리인가? 만약 내 자신이 말을 하고 있다는 걸 알지 못했다면, 나는 그게 내 목소리라고는 꿈에도 생각하지 못했을 것이다. 그리고 트럭이 지나갔다. 그 소리는 마치 천둥소리처럼 들렸다. 청능사의 진료실이 고속도로 옆이라 시속 80킬로미터로 지나가는 자동차들의 소리는 귀를 멍하게 만들 정도로 윙윙거렸다. 나는 이 소음을 불평하는 너무나 낯선 내 목소리도 들어야 했다.

"곧 적응하실 겁니다."

청능사가 말했지만, 적응하지 못하면 어떻게 한단 말인가? 나는 다른 보청기를 조금 더 찾아보기로 했다. 그리고 두 번째 청능사 덕분에 시끄러운 소리가 조금 부드럽게 들리는 보청기를 찾을 수 있었다. 이 보청기를 끼니 자동차 소리도 보통으로 들렸다. 머리가 지끈거릴 정도의 굉음이 아니라 그냥 일반적인 자동차 소리로 말이다. 내 목소리는 여전히 이상하게 들렸지만, 그래도 소리 크기가 보통 정도라 괜찮았다.

그뿐만 아니라 내가 그 청능사와 약속을 잡았을 때, 그는 나를 다른 곳으로 먼저 보냈다. 내 고막을 잘 확인하기 위해 우선 귀지 청소를 먼저 하도록 약속을 잡아준 것이다. 귀지 청소는 중요하고, 또 반드시 필요했다. 하지만 앞서 만났던 청능사들은 그렇게 하지 않았고, 그래서 나는 마지막 청능사에게서 더 좋은 인상을 받았다. 그가 알려준 보청기는 나에게 더 잘 맞았고, 다른 청능사들의 것보다 눈에도 덜 띄었다.

나는 보청기가 그렇게 작고 눈에도 거의 안 띌 수 있다는 사실에 놀랐고, 그 청능사도 같은 보청기를 끼고 있다는 사실에 더 놀랐다. 그를 거의 20분이나 마주하고 있었는데도 전혀 눈치 채지 못했다니, 아주 만족스러웠다. 소리가 부드럽게 들리는 것도 좋았다. 나에게 더 이상 잘 맞는 보청기를 찾을 수 없겠다는 생각이 들어 나는 그 보청기를 구입했다.

보청기는 전기로 작동한다. 어떤 보청기에는 건전지가 장착되어 있는데, 크기가 너무 작아서 현미경으로 봐야 할 정도다. 만약 당신의 시력이 이런 건전지가 보일 정도로 좋다면, 한 달에 한 번 건전지를 직접 교체할 수 있다. 하지만 이때 떨어뜨리지 않게 주의해야 한다. 건전지가 떨어지는 일이 일어나면 관절염이 있는 무릎을 꿇고 건전지를 찾아야 하기 때문이다. 그 작고 동그란 건전지는 너무나 가벼워서 아무 데로든 빠르게 굴러가버린다.

어두컴컴한 소파 밑으로 들어가면 손바닥으로 소파 밑을 쓸어봐야 하는데, 건전지가 너무 작아서 손바닥에 느껴지지 않을 수도 있다. 혹시 소파 아래 벽 끝까지 굴러가버리면 정말 거기 있을 것 같은데도 손이 닿지 않으니 확인할 길이 없다. 운이 좋다면 친구나 친척 중 누군가가 도와줄 수도 있겠지만, 그 사람이 당장에 손전등을 들고 달려와서 30분 이상 투자하여 함께 찾아주는 일은 기대하기 어렵다. 더구나 건전지가 아무것도 없는 맨바닥에 떨어지기라도 하면 혹시 그걸 밟게 되는 일이 없기를 빌기까지 해야 한다.

충전기로 충전을 해야 하는 보청기도 있다. 모델에 따라 1박 2일 동안 사용할 정도의 전기가 충전되는데, 가격이 아주 비싸다. 다행히 내가 고른 보청기에는 충전기가 함께 들어 있었다. 나는 지끈거리는 내 머리가 이제 좀 보호를 받겠구나 싶어 너무나 행복해졌다. 그리고 이제 시끄러운 식당에서도 사람들이 하는 말을 잘 알아들을 수 있게 되었다.

나는 더 이상 "뭐요?"라고 소리치지 않는다. 하지만 여기서 아이러니한 점은 할인을 많이 받았는데도 보청기가 너무 비싸서, 한동안 레스토랑에 갈 금전적 여력이 사라졌다는 것이다. 몇 달, 아니 몇 년 동안은 아무것도 사지 못하고 지내야 할 것이다.

"그게 그만한 가치가 있을까?"

나는 예전에 산 물건들이 모두 그만큼 가치가 있었는지 의문이 들기 시작했다. 보청기를 처음 끼던 날, 나는 다른 사람들의 말소리를 들을 수 있었을 뿐 아니라 시계가 똑딱거리는 소리, 바람에 나무가 흔들리는 소리, 멀리서 개가 짖는 소리까지 들을 수 있었다.

이런 소리들은 사실 크게 중요하거나 인상 깊은 것들이 아니다. 하지만 나는 아주 오랜만에 처음으로, 내가 사는 세상에 들어와 있다는 느낌이 들었다. 소리는 우리를 감싸고 있다. 그래서 소리가 들리자 나는 주변을 밖에서 바라보는 게 아니라 바로 그 안에 들어 있다는 느낌을 받았다.

청력 감퇴가 너무 천천히 진행된 탓에 내가 그동안 뭘 잃어버리고 있었는지 전혀 인지하지 못하고 있었다. 그런데 마치 기적처럼 내 주변이 더 이상 사진처럼 보이지 않았다. 나를 감싼 모든 것들이 생생하게 살아 숨쉬기 시작했다. 나는 마흔 살 때 느꼈던 것과 비슷한 감정을 느꼈다. 유일한 다른 점이라면, 마흔 때는 내 청력이 이렇게 나빠질 줄 몰랐다는 사실이지만.

대화를 조각조각 낚아채듯 듣는 게 아니라 사람들이 말하

는 전부를 들을 수 있다는 건 정말 근사한 일이다. 청력이 나
빠질수록 사회화의 기회도 점점 멀어지게 된다. 설사 사람들
이 동정심 때문에 친해지려고 노력한다고 해도 말이다.

사람들은 우리가 "뭐요?"라고 묻는 말에 피곤해하고, 했던
말을 되풀이하면서 대화를 이어나가는 걸 힘들어할 것이다.
사람들은 얼마 동안은 자신을 빤히 쳐다보는 사람을 보며 대
화를 이어가겠지만, 상대가 자기 말을 잘 못 알아듣는 걸 알
아채고는 바로 다른 사람에게 갈 것이다.

우리 대부분은 "뭐요?"라고 소리치지 않는다. 나 역시 그
렇게 소리치며 묻지 않거나 최소한 말할 때마다 매번 그렇게
묻지 않는다. 그저 가만히 앉아서 미소를 지으며 마치 사람들
이 하는 말을 다 이해하는 것처럼 행세할 뿐이다. 하지만 사
람들은 알아챈다. 다른 사람이 웃긴 이야기를 할 때 우리가
함께 웃지 않기 때문이다. 간혹 지금이 웃어야 할 때라는 걸
알고 비로소 웃기 시작하는데, 누군가는 분명 그걸 알아차린
다. 우리가 자기들의 말을 듣지 않고 있다는 걸 알게 되면, 사
람들은 뭔가 냉랭한 거리감을 느낄 것이다. 그런 사람들이 다
음번에 나를, 우리를 초대해줄까?

사람들과 어울리지 못하면 점점 외로워지고, 결국 소외된
다. 잘 듣지 못하면 사람들을 향해 나아갈 수 없고, 그럼 우리
는 그냥 혼자만의 울타리 안에 머물러야 한다. 이것이 바로

내가 보청기 경험을 이야기하는 이유다.

이 책을 읽는 독자들 중에 청력이 감퇴하고 있는 사람이 있다면, 뇌가 더 손상을 입기 전에 보청기 구입을 생각해보는 게 좋을 것 같다. 내 친구 하나는 대형 백화점에서 보청기를 구입했다. 내 것만큼 좋아 보였는데, 가격은 훨씬 쌌다. 다른 친구는 인터넷으로 보청기를 구입했다. 정확히 얼마나 더 싼지는 모르겠지만, 하여튼 그건 더 쌌다.

의심이 많은 독자들이라면, 전문 청능사에게 문의를 해서 테스트를 받아보는 것도 좋다. 청능사는 당신의 청력 손실의 종류와 정도를 알려주고, 당신에게 맞는 보청기를 찾아 줄 수 있으니. 어쨌든 나는 그렇게 했다.

내가 지불한 보청기 값에는 충전기도 포함되어 있고, 언제든 청능사에게 가서 보청기를 수리하고 내 청력에 맞게 조절할 수 있는 비용도 포함되어 있다. 혹시 보청기를 잃어버리거나 한짝을 발로 밟아 찌그러뜨려도, 언제나 새것으로 무상 교체를 받을 수도 있다. 그래서 나는 아주 만족해하고 있다.

7장

내
기억
속의
사자한
마리

예전에는 무엇인가를 생각할 때면 말로 생각했다. 마치 내 자신에게 말을 건네듯이 말이다. 사무실로 걸어가면서 나는 이렇게 말로 생각했다. '복도에 불은 껐나?' 그리고는 되돌아가서 불을 껐는지 살펴보곤 했다. 하지만 이제 많이 늙어서인지 나의 뇌는 시각적인 메시지를 더 좋아한다. 요즘은 머릿속에 불이 켜진 복도의 이미지를 떠올리는 일이 더 많다. 그럼 뇌가 군이 말로 하지 않아도 다시 돌아가 복도를 살핀다.

어느 연구에 따르면, 동물들은 시각적으로는 물론이고, 냄새와 소리로도 기억을 할 수 있다고 한다. 충분히 근거가 있는 주장이다. 나도 확실히 그렇다고 생각한다. 많은 동물들이―두 종(種)만 언급하자면 닭과 물고기―딱 한 번 목격한 사람을 인간들보다 더 잘 구별해낸다.

이런 동물들 중 어떤 것들은 사진으로 본 사람도 식별해낸다. 그러니 동물들이 이런 능력을 다른 물건이나 사건에 적용하지 않을 거라 추측하기는 오히려 어렵다. 우리 인간 또한 어떤 것을 보고, 그 이미지를 머릿속에 저장한다. 그리고 그 기억이 필요한 상황이 오면 미리 저장해둔 이미지를 번쩍하고 떠올린다.

나이가 들면서 최근의 기억은 빨리 사라지는 반면, 과거의 기억은 더 생생해지는 경향이 있다. 과거의 일들을 현재의 그것보다 더 잘 기억한다고 말하는 노인들을 많이 볼 수 있는 이유다. 나의 기억 속에도 어린 시절이 수백 장의 사진으로 보관되어 있다. 하지만 현재의 일이라면 오늘 오후에 무슨 일을 했는지 기억하는 데에도 열심히 머리를 쥐어짜야 한다.

사실 오래된 과거에 관한 내 기억의 사진첩에는 대단한 일들이 담겨 있지 않다. 당시에도 물론 대단한 일들이 아니었다. 내 기억의 사진 중에는 침대 시트 같은 걸 넣어두는 캐비닛 꼭대기의 선반으로 올라가는 남동생이 있다.

그곳은 우리가 술래잡기 놀이를 할 때 숨었던 비밀 굴이었다. 사진 속에 어머니의 어머니인 외할머니가 보인다. 외할머니가 우리들이 옷장 속에 있는 물건들을 엉망으로 만들고 있다며, 우리가 있는 곳을 어머니에게 말하고, 어머니는 잠시 생각하다 우리를 그대로 내버려두고 나간다. 이것은 그리 중요한 일이 아닌, 그냥 어린 시절의 평범한 기억일 뿐이다. 하지만 내 마음속에서는 마치 오늘 일어난 일처럼 생생히 떠오른다.

나의 기억은 그 캐비닛부터 나의 딸이 피투성이가 된 채 도로에 쓰러져 있던 순간까지 다양한 장면을 다시 보여준다. 말하기가 쉽지는 않지만 그럼에도 흥미로운 점이 있다면, 어린 시절에 대한 기억들은 거의 감정적이지 않은 것들인데 비해 중년 시절에 대한 기억은 슬프거나 끔찍한 것들이 많다는 것이다.

44년 전, 딸이 트랙터에 치어 크게 다치는 사고가 발생했다. 내가 마흔두 살이고, 내 딸이 열일곱 살이었던 해다. 그 사고로 딸은 척추가 부러지고, 다리가 마비되었다. 하지만 지금은 스스로 노력하여 모두가 부러워할 만한 삶을 살고 있다.

딸은 장애인의 권리를 위해 열심히 일했고, 대규모 시위에도 수백 번 참가했다. 그 덕분에 최소한 서른 번은 체포되었고, 교도소에도 갔다. 의회 청문회에 출석하여 장애인 문제에 관한 연설도 했고, 다른 사람들과 함께 미국 장애인복지법(Americans with Disabilities) 시행에 중추적인 역할을 했다.

또 백악관에 초청되어 아버지 부시 대통령이 장애인복지법에 서명하는 모습을 지켜보기도 했다. 그 애의 삶을 생각하면, 나는 언제나 행복하고 자랑스럽다. 하지만 나의 뇌는 자꾸만 아이가 도로에 쓰러져 있던 열일곱 살 때의 모습을 보여준다.

호주산 셰퍼드인 우리 집 반려견 펄도 생각난다. 펄이 유독 잘 보이는 몇 장면이 있다. 긍정적인 장면들도 있지만, 유독 강하게 떠오르는 모습은 펄이 수의사의 주사를 맞고 숨을 거두면서 나를 바라볼 때의 표정이다. 불치의 암 진단을 받아 어쩔 수 없이 안락사를 시켜야 했던 그때, 펄은 나를 굳게 믿고 또 나를 진심으로 사랑하는 표정으로 쳐다보고 있었다. 그 모습이 시도 때도 없이 떠오른다.

세상을 떠날 때의 남편 모습 역시 눈에 선하다. 그리고 아버지가 돌아가실 때, 어머니가 돌아가실 때의 모습도 선명히 떠오른다. 마치 내가 그분들을 지금 바라보고 있듯이 눈앞에 생생하게 그려진다.

나는 이런 장면들이 내게 어떤 메시지를 전하려는 것은 아닐까 하는 생각이 든다. 우리가 이런 장면을 계속 떠올리도록 프로그램이 된 게 분명해 보이기 때문이다. 다른 동물들도 우리와 비슷한 장면을 기억하고, 또 그걸 계속 떠올리도록 프로그램되어 있을까? 그렇다면 왜 우리는 그런 슬픈 장면들을 기억하고 마음속으로 계속 떠올리는 것일까? 고대부터 내려오는 어떤 특별한 이유가 있을까? '지금 벌어진 일을 봐. 너도 조심해야 해'라며 우리의 무의식이 말하는 것은 아닐까?

나는 시각을 통한 기억이 제일 중요하다는 사실을 말하고 싶다. 내 경우, 나에게 가장 중요한 시각적 기억 대부분은 자연세계를 배우는 것과 관련된 기억이다. 아버지는 나와 동생을 숲으로 데려가곤 했는데, 그곳에서 우리는 동물의 흔적을 발견하고 나무 이름들을 배웠다.

꼬맹이 시절, 작은 흙길에서 본 여우의 흔적과 우리 집 근처 눈 쌓인 숲에서 발견했던 커다란 고양이의 발자국이 아직도 선명히 기억난다. 마치 지금 바라보듯이 생생하게, 눈앞에 어떤 커다란 발자국이 있었다. 아마 살쾡이나 내가 있던 곳 근방에 살고 있다고 알려진 퓨마의 것으로 보였다.

나는 항상 대형 고양잇과 동물에 매료되곤 했다. 지금 내 기억 속에 가장 완벽하고 환하게 떠오르는 동물 역시 칼라하리 사막에서 만난 사자의 모습이다. 그 사자의 모습은 마치 동영상을 보듯 더 생생히 그려진다. 그때 동생과 나는 남아프리카 초원 멀리에 나가 있었다. 우리는 사냥할 때 말고는 무장을 하지 않는 그곳의 원주민 산족처럼 무기 하나 없이 길을 걷고 있었다. 그런데 낮은 수풀 사이를 지나던 중 5~6미터 앞에 버티고 선 사자와 딱 마주치게 되었다. 갑자기 온몸이 얼어붙었다.

그 사자는 무척 품위 있는 자태로 우리를 쳐다보았다. 우리는 계속 얼어붙어 있었다. 산족은 사자를 만나면 절대 등을 돌려 도망가지 말라고 했다. 사자가 훨씬 빨라서 금세 우리를 쫓아온다고 말이다. 대신 사자를 신경 쓰지 말고 비스듬한 방향으로 천천히 걸어가야 한다고 당부했다.

하지만 우리는 땅에 못이 박힌 듯 꼼짝할 수 없었다. 우리가 꼿꼿하게 서서 사자를 바라보고만 있으니, 사자 역시 우리를 시큰둥하게 쳐다보다가 대각선 방향으로 터벅터벅 걸어갔다. 그때 나는 생각했다. 인간과 동물끼리는 낯선 상대를 만났을 때 서로가 할 수 있는 가장 좋은 방법에 대해 모종의 협의가 되어 있는 게 분명하다고 말이다.

나는 사자가 보고 싶을 때마다 이 흥미로운 기억을 떠올린다. 그럼 머릿속에서는 내가 수풀을 돌아다니며 본 풍경으로 시작해서 멀어져 가는 사자의 뒷모습을 보는 것으로 끝이 난다. 사자는 마치 우리의 출현이나 행동이 성가시다는 듯이 꼬리를 낮게 늘어뜨린 채 까딱거리며 천천히 멀어진다.

이런 기억들은 우리에게 도움이 되도록 설계되어 있다. 하지만 이제는 더 이상 유용하지 않다. 뉴햄프셔주에서는 절대 사자를 만날 수 없으니 말이다. 그렇더라도 다른 많은 과거의 기억들과 마찬가지로, 여전히 재미있고 신나는 기억이다. 나는 내가 그저 좋아한다는 이유로, 여전히 그 사자를 이따금 떠올린다.

8장

노인을 존경하는
의사를 만나고 싶다

나는 인간이 50대는 되어야 비로소 나이가 들기 시작하는 거라고 생각한다. 하지만 그 시기에 우리 대부분은 자신이 이미 꽤 늙었다고 생각한다. 만약 진짜 늙은 사람이 그 말을 듣는다면 — 그가 당신의 말을 잘 들을 수 있는 청력과 이해할 수 있는 인지력을 여전히 갖고 있다면 — 아마 코웃음을 칠 것이다. 그리고 이렇게 말할 것이다.

"아직 더 기다려야 해."

진정한 노화는 당신이 낳은 아이들이 적어도 50세는 되었을 때 시작된다. 우리는 자식이 70세가 되어도 여전히 '아이들'이라 부른다. 그러니 우리가 50세였을 때 얼마나 어린지 알겠는가.

진정한 노화가 시작되면 청력이 떨어지고 시력이나 기억력도 모두 감퇴하기 시작한다. 외모도 예전과 달라진다. 당신은 더 이상 중요한 존재가 아니고, 오히려 사회의 짐이 된다.

트럼프 대통령이 사회 최상위 1퍼센트 부자들에게는 엄청난 세금 혜택을 주면서 밀스 온 휠스(Meals on Wheels, 무료 급식 구호단체—옮긴이)에 대한 지원을 대폭 삭감해버린 것이 대표적인 사례다. 트럼트 대통령은 노인들이 배가 고프건 말건 상관하지 않는다. 그는 노인들이 쫄쫄 굶으며 투표소까지 가서 반대표를 던질 힘이 없다는 걸 너무도 잘 알고 있다.

특히 노화에는 신체적 문제도 있지만 사회적 문제도 뒤따른다. 현대 문화는 우리를 나이에 따라 구분 짓고 있으며, 사회가 각 집단을 대하는 방식은 천차만별이다. 우리는 서서히 한 집단에서 다른 집단으로 옮겨가는데, 이런 변화를 가장 잘 설명한 글을 친구가 내게 보낸 이메일에서 발견한 적이 있다. 시인인 하워드 넬슨(Howard Nelson)은 이렇게 썼다.

"오늘 카누 캠핑하러 감. 아이 둘(49세, 45세)과 손자 셋과 함께. 내가 이 탐험대의 대장일까요? 나는 지금 이 아이들이 데리고 가는 늙은이로 변신 중입니다."

우리 나이대의 집단은 산족의 그것과 비슷하게 모두 네 개의 그룹으로 나뉜다. 이는 다른 문화에서도 크게 다르지 않다. 첫 번째 집단은 아기, 두 번째는 어린이로 우리가 완전한 문장으로 이야기하고 빨리 뛸 수 있게 되기 전까지 속하는 집단이다. 세 번째 집단은 어른으로, 완전한 성인이 되어 이미 교육을 마쳤거나 거의 마쳐갈 때를 포함하는 집단이다. 그리고 네 번째가 노인 집단이다. 하지만 우리와 산족의 가장 중요한 차이점이 있다. 산족은 노인을 아주 존경한다.

산족이 수렵채집인으로 살 때, 노인들은 중요한 존재였다. 노인들은 과거로부터 터득한 정보를 가지고 있었고, 여기에 더해서 조상들이 알려준 정보도 자세히 기억하고 있었다. 이것은 굉장한 가치가 있었다. 가령 심각한 가뭄 같은 나쁜 사건들이 발생했을 때, 노인들은 자신이나 조상들이 어떻게 대처했는지 기억하고 있기에 필요한 정보를 다음 세대에게 알려줄 수 있었다.

특히 산족은 노인에 대한 존경심이 깊었다. '나이 많은'이라는 뜻을 가진 'N!a'an'이라는 단어는 문명세계에서 흔히 말하는 경(Sir)이나 영주(Lord), 제독(Admiral)처럼 일종의 지위 같은 것이다. 하지만 이름 앞이 아니라 뒤에 붙는다는 게 다르다. 만약 한밤중에 거주지에 사자가 나타나면, 남자 몇 명이 불붙은 나뭇가지를 모닥불에서 꺼내 들고 사자를 향해 흔들면서 말한다.

"늙은 사자여, 존경합니다. 하지만 여긴 우리의 장소입니다. 어서 떠나주시기를 부탁드립니다."

그러면 사자는 잠깐 생각에 잠긴 듯 사람들을 쳐다보다가 점잖게 돌아서서 떠나버린다. 사람들이 자신을 연장자 대하듯 정중하게 대했기 때문이다. 하지만 산족이든 우리의 경우든, 연장자는 과거에 대한 기억 이외에는 현실생활에 크게 도움이 되지 못한다. 더욱이 우리의 경우는, 과거의 일들이 문자로 기록되고 있기에 연장자들이 다음 세대를 위해 굳이 기억을 제공할 필요가 없다.

그러다 보니 우리 사회는 연장자가 유명해야만 비로소 존경심을 보인다. 과거에도 연장자에게 존경을 표하는 일은 많지 않았으니, 지금은 유명하지 않다면 그저 세금에 의지하여 한 목숨 부지하는 데 힘써야 한다. 어쩌면 그렇기 때문에 우리 같은 노인들을 좋아하지 않는 사람들이 많은 것 같다. 특히 세상은 늙은 남자보다 늙은 여자를 더 싫어하는 것처럼 보인다. 바지에 그대로 오줌을 싸버린 치매 할머니에 대한 이야기가 인터넷을 돌아다니는 것만 봐도 알 수 있다.

노인에 대한 보편적인 경시 풍조를 말할 때, 내가 의미하는 것은 사회적 가치 측면에서의 노인에 대한 평가다. 엄밀히 말해서 그것은 가족 가치 측면에 대해서는 아니다. 가족들과 친구들은 우리를 여전히 가치 있는 존재로 생각한다. 우리보다 어린 식구들이나 친구들도 우리에게 위안을 준다. 언젠가 친구에게 내가 그렇게 똑똑한 사람은 아닌 것 같다고 말했더니 그녀가 이렇게 말해주었다.

"너는 과거에도, 현재도, 또 앞으로도 계속 예리하고 현명한 사람임이 분명해."

그래도 나는 내가 그렇게 똑똑한 사람은 아니라고 대답하면서 지갑을 찾아 주머니를 뒤적거렸다. 내가 혹시 지갑을 안가져온 게 아닌가 걱정이 되기 시작했다. 친구와 방금 식당에서 점심을 먹었고 꼭 밥값을 지불하고 싶었는데 말이다. 상황이 그렇다 보니 내가 항상 똑똑했다는 친구의 말은 진실과는 다소 먼 얘기임이 분명해졌지만, 그럼에도 나는 말도 안 될 정도로 행복해졌다. 참고로 지갑은 바지 왼쪽 뒷주머니에 있었고, 나는 밥값을 잘 지불했다.

나를 보고 아름답다고 말하는 친구도 있었다. 내 피부가 쭈글쭈글해지고 검버섯으로 얼룩덜룩해졌는데도, 머리카락과 눈썹이 점점 하얘지고 또 가늘게 변하는데도 말이다. 허리는 엉덩이보다 더 굵어지고, 가슴은 하나밖에 없고 40대에 자궁도 적출했는데 말이다. 그런데도 나는 또 터무니없이 행복해졌다.

이 두 이야기는 나의 개인적인 가치를 그대로 보여준다. 하지만 나의 사회적 가치는 개인적 가치와는 다르다. 우리 같은 노인들이 사회에 경제적인 부담을 준다는 게 가장 큰 이유가 될 것이다.

나만 봐도 그렇다. 나는 메디케어(Medicare, 미국 정부가 시행하고 있는 사회보장제도─옮긴이)와 사회보장연금을 받고 있고, 여기다 군인연금도 받고 있다. 남편이 전쟁에 참전했고,

나중에 ALS(Amyotrophic Lateral Sclerosism, 근위축성측색경화증, 운동 신경세포의 퇴화로 근육이 약화되고 자발적 움직임이 소실되는 질환─옮긴이)로 사망했는데, 발병 시기와 상관없이 전쟁 참전과 남편의 루게릭병이 연관이 있다는 진단이 나왔기 때문이다.

그래서 나는 매달 꽤 많은 돈을 받는다. 내가 평생 낸 세금은 노인들에 대한 이런 지원을 위한 것이지만 오늘날의 납세자들은 내가 낸 세금으로도 충당이 안 되는, 또한 내가 죽기 전에 상승하게 될 의료비까지 모두 감당해야 한다. 이렇게 노인들은 사회에 기여하는 것도 별로 없이 오히려 돈만 많이 잡아먹는다. 그러니 우리 노인의 가치가 평가절하되는 것은 당연한 일인지 모른다.

두 번째 그룹─어린이들─에게도 역시 돈이 많이 들어간다. 학교 때문이다. 하지만 아이들은 자라서 사회에 공헌할 수 있으니 그나마 낫다. 이에 반해 네 번째 그룹─노인들─은 상대적으로 기여하는 바가 적고 계속 비용만 들어간다. 이 글을 쓰는 지금도 트럼프 대통령과 그의 추종자들은 오바마케어(Obama Care, 오바마 대통령이 주도한 의료보험 시스템 개혁 법안으로, 전 국민의 건강보험 가입을 의무화하는 제도─옮긴이)를 무너뜨리고 메디케어와 사회보장연금을 민영화하고 싶어 한다.

이는 오바마케어 이전의 상태로 돌아가서 보험 처리가 되지 않는 병을 가진 사람들을 사회안전망으로부터 영구히 배제시키는 것과 같다. 그렇게 되면 많은 사람들이 찬밥 신세를 면하지 못하게 될 테고, 특히 노인들은 보험 혜택이 제외된 하나 이상의 기저질환으로 온전한 의료보험 혜택을 받지 못하게 될 것이다.

가장 존경받는 그룹은 세 번째 그룹인 성인들인데, 그들은 활력이 넘치고 기능적으로 유용하다. 직업이 있고, 나라를 다스리고, 세상의 모든 것들을 제대로 작동하도록 만드는 사람들이다. 이 그룹의 연령대는 폭넓다. 20대에서 60대, 심지어 70대까지도 포함될 수 있다. 사회에서 통용되는 '늙음'의 의미에 부합하지 않는 사람이면 아무리 나이가 많아도 충분히 이 그룹에 포함될 수 있다. 이 세 번째 그룹이야말로 사회적으로 제일 중요한 사람들로, 우리는 여기에 최대한 오래 머무르려고 한다.

이들은 서로를 어느 정도 비슷하게 바라보는 경향도 있다. 내가 20대였을 때, 나의 가장 친한 친구 중에는 니 아 코브니(Ni a Coveney)라는 멋진 60대의 여성이 있었다. 그리고 내가 60대일 때 만난, 지금까지도 가까이 지내는 친구 중에는 세계적인 동물생태학자이자 베스트셀러 작가인 사이 몽고메리(Sy Montgomery)도 있다.

나와 사이가 처음 만났을 때, 그녀는 20대였다. 사이는

1958년생이고, 나는 1931년생이다. 27년의 연령 차이에도 불구하고, 그녀와 나는 처음 만난 날부터 서로에게 소울메이트가 되었다. 당시 사이는 족제빗과 동물인 페럿(Ferret)을 한 마리 키우고 있었는데, 내가 그 녀석을 만지려고 하다가 그만 손가락을 물리는 일이 발생했다. 사이는 나의 태연함에 놀랐다고 한다. 내가 피를 청바지에 쓱 문질러 닦고는 대화를 계속했기 때문이다. 어쨌든 우리의 우정은 그때부터 시작되었다.

그녀는 식인 호랑이를 촬영하기 위해 내셔널지오그래픽 팀과 함께 인도에 간 적이 있다. 그녀는 숲속에서 호랑이의 똥을 발견하고 그걸 영국까지 그대로 가져왔다. 어렵사리 세관을 통과하며 가져오고 싶었던 이유는, 오로지 나에게 크리스마스 선물로 주고 싶었기 때문이란다. 그 호랑이가 랑구르(Langur) 원숭이를 잡아먹은 탓인지 호랑이 똥에는 랑구르 원숭이의 털이 삐죽삐죽 박혀 있었다.

나는 살면서 그보다 더 소중한 선물을 받아본 적이 없다. 사이는 나에게 호랑이 위장을 통과한 랑구르 원숭이가 어떻게 생겼는지 궁금해하는 사람들이 있다면, 그 똥을 보여주면 좋을 거라고 했다. 물론 나는 아무도 궁금해하지 않을 거라고 확신한다.

그때가 1993년이었고, 그로부터 26년이 지난 지금도 그 똥은 잘 포장된 채로 우리 집 냉장고에 보관되어 있다. 사이도 이제 60대가 되었고, 나는 또 그 사이 30대인 친구도 생겼다. 여기서 중요한 사실은, 나와 내 친구들은 처음 만난 그때 이미 많은 나이 차이가 났음에도 불구하고 모두 세 번째 그룹이었다는 사실이다.

그러니 네 번째 그룹으로 넘어가는 게 흥미진진할 수도 있다. 네 번째 그룹이 되기 전까지는, 당신의 지인들 중 많은 사람들이 당신이 몇 살인지 정확하게 모르고 또 크게 신경 쓰지도 않을 것이다. 그때에는 나이가 전혀 중요하지 않기 때문이다.

얼마 전 1960년대부터 알고 지내온 한 지인에게 내가 노화에 대한 책을 쓴다고 말했더니, 그가 내 나이를 물었다. 여든일곱 살이라고 대답하자 그는 깜짝 놀란 얼굴이었다. 그는 70대 초반이라 정확하게 네 번째 그룹에 속한다고는 말할 수 없는 나이였다. 나 역시 놀라긴 마찬가지였다. 우리 둘 다 서로 그렇게 나이 차이가 많이 나는지는 처음 알았기 때문이다.

만약 당신이 주로 나이 어린 사람들과 만나고 일해야 하는 상황이라면, 그들이 당신을 보는 시각을 절대 바꾸지 않을 거라고 말해주고 싶다. 친구나 가족이라면 단순히 나이를 먹었다는 이유로 불신하지는 않는다. 하지만 친구나 가족이 아닌 사람들에 대해서 우리는 그렇게 너그럽지 못하다. 이것은 내가 동네 슈퍼마켓의 부근에 있다가 알게 된 사실이다. 그때 나는 길가에 서서 우연히 마주친 이웃사람들과 이야기를 하고 있었는데, 평소 알고 지내던 어떤 여자가 슈퍼마켓 밖으로 나오더니 우리에게 실버타운을 알아보고 있다는 70대 여인 이야기를 시작했다.

나에게 70대는 그렇게 늙은 나이가 아니었기 때문에, 나는 나라면 아직 실버타운에 들어갈 준비를 하지 않을 것 같다고 말했다. 그리고는 이제 80대가 되었으니 슬슬 알아볼 거라고 이어 말했다. 그 여자는 할 말을 잃은 듯했다. 내가 나이가 많다는 걸 그제야 깨달은 것이다.

그동안 나를 세 번째 그룹에 속하는 사람으로 생각했던 모양이다. 그 여자는 내가 80대처럼 보이지 않는다고 했다. 나는 지금 흰머리에 주름도 쭈글쭈글한데 뭐가 더 있어야 하나, 하는 생각이 들었다. 그녀를 속이려 했던 것도 아닌데 갑자기 죄책감이 살짝 밀려오기까지 했다.

이건 좀 다른 이야기인데, 나이가 많으면 무시당하는 경우가 더러 있다. 언젠가 병원에서 여러 환자들과 함께 대기실에 앉아 있다가 내 옆에 있던 고령의 여성과 이야기를 나눈 적이 있다. 그녀는 자신의 취미가 정원 가꾸기라며 이야기를 하기 시작했다. 나는 그녀가 곧 만나게 될 담당 의사도 같은 취미를 가지고 있다고, 내가 예전에 들은 이야기를 해주었다.

"두 분이 이야깃거리가 많으시겠네요."

그런데 그녀는 시큰둥한 표정으로 말했다.

"의사 선생한테 나는 그냥 비만형 당뇨 환자일 뿐인 걸요. 나를 봐도 인사도 안 해요. 서로 아무 말도 안 해요. 더구나 나는 다른 병원에서 이곳으로 가라고 해서 온 거예요."

그 말은 이 의사는 그녀의 선택이 아니었으며, 원래 주치의가 훨씬 친절했다는 의미였다. 고령의 환자를 볼 때 의사들은 그저 이런 케이스, 저런 케이스로 바라볼 뿐 그 이외엔 크게 관심이 없는 것 같다. 물론 나는 그다지 상관하지 않는다. 나를 병원으로 오게 만든 그 증상만 잘 치료해준다면 말이다. 하지만 어떤 의사들은 그것도 제대로 못한다. 남편이 ALS 진단을 받은 후, 알츠하이머와 함께 폐렴에 걸려 병원에 입원한 일이 있었다.

의사는 병실에 들어와 남편을 한 번 쓱 쳐다본 뒤에 남편이 척수가 손상된 하반신 마비에 카테터(Catheter, 관 모양의 기구로 방광에 삽입한 후 소변의 배출을 돕는 용도로 사용됨−옮긴이)를 달았다고 차트에 기록했다. 그리고 카테터는 방광 감염으로도 이어질 수 있으니 정맥주사로 항생제를 투여하라고 처방했다.

하지만 남편은 척수 손상이 아니었고, 카테터도 달고 있지 않았다. 남편에게 물어보거나 남편이 덮고 있는 담요를 한 번만 들춰도 충분히 알았을 일이다. 1초도 안 걸릴 일인데, 왜 그렇게 할 생각을 못했을까? 그건 남편이 늙은 데다 병이 들었고, 어쨌든 이제 곧 죽을 사람이기 때문이었다. 그런 사람의 상태를 누가 신경 쓰고 싶겠는가.

하지만 나는 지극히 염려가 되었다. 병원에서 만난 간병인인 완다도 내 남편을 걱정하고 있었다. 완다는 전문 간병인으로, 남편이 병원에 있는 동안 그를 돌봐주었다. 어느 날, 완다가 병실에 있는데 누군가 의사의 차트를 가져다주었고, 완다는 내가 도착하자 건네받은 차트를 보여주었다.

그런데 우리 둘 다 그 진료기록을 보고는 깜짝 놀랐다. 나는 병원에 의사의 실수를 알리겠다고 말했고, 그렇게 했다. 그런데 완다의 상사는 오히려 완다가 의사의 잘못된 기록을 환자 아내에게 넘겨주는 바람에 의사의 실수가 노출되었다며, 그녀를 사무실로 불러 호통을 쳤다. 게다가 그녀의 간병회사에 다른 환자를 추천하지 않는 방식으로 보복할 수 있다고 위협까지 했다. 결국 그는 완다를 남편의 간병인으로 일하지 못하게 다른 곳으로 보내버렸다.

완다는 의사의 차트를 내게 보여주는 일이 자신을 난처하게 만들 수 있다는 사실을 알고 있었지만, 나를 위해 그렇게 했다. 환자와 가족들은 진료기록을 확인할 권리가 있다. 우리는 그렇게 해준 완다가 너무 고마웠고, 완다를 꾸짖은 그 상사가 도대체 이해가 되지 않았다. 그에게는 이미 노쇠해서 기력이 떨어진 남자가 필요하지도 않은 항생제 때문에 심각한 피해를 입을 수도 있다는 사실이 아무렇지도 않았던 것이다.

휘갈겨 쓴 의사의 차트와 이미 남편의 몸에 달려 있는 거대한 장치를 보니 더 이상 참을 수가 없어, 나는 남편의 주치의인 빅터 거위치 씨에게 연락했다. 그는 하버드 의대에 근무할 때부터 지금까지 우리 집안과 알고 지낸 오랜 친구였다. 이때 남편은 소변 검사를 이미 받은 터였다.

빅터 씨는 남편의 소변 검사 자료를 병원에 요청했다. 당연히 남편은 방광이 감염되지 않았고, 빅터 씨는 우리에게 그 장치를 빨리 떼어내는 게 좋겠다고 했다. 우리는 카테터를 떼어낸 뒤 대여회사로 돌려보냈다.

남편은 그 뒤로도 오랫동안 별 탈 없이 잘 지냈다. 덧붙이자면 우리는 뉴햄프셔주에 있었고, 빅터 씨는 100킬로미터이상 떨어진 곳에 있었다. 사실 우리는 처음부터 그에게 진료를 받았어야 했다. 빅터 씨에게 남편은 지식이 많고 재미있는 사람, 병을 치료해줘야 할 가치가 충분한 친구였다. 그것이 빅터 씨가 자신의 환자를 대하는 방식이었다.

그 일이 있은 후 나는 노인 환자를 꺼리는 의사들이 아주 많다는 걸 알게 되었다. 의사들은 병을 치료하여 환자를 낫게 하길 원하기 때문에 고칠 수 없는 병을 가진 노인 환자를 만나고 싶지 않았던 것이다. 우리가 얼마를 갖다 바치든 상관없이 말이다.

여러 조사에서 알 수 있듯이, 노인병 전문의들의 수는 점점 줄어들고 있다. 의사에게 이상적인 환자란 의학적으로 딱 하나의 문제만 가진 젊은 사람이다. 그런 사람들은 쉽게 고칠 수 있기 때문이다. 당뇨, 알츠하이머, 골다공증 같은 질병이 있고 게다가 기억력에도 문제가 있는, 한마디로 고치기가 불가능하고 어쨌든 곧 죽게 될 사람은 많은 의사들에게 그냥 투명인간으로 보일지도 모른다.

그런 의사들의 눈에 남편 같은 아픈 노인이 고등교육을 받았고 세 군데나 되는 대륙에서 살았으며, 6개 국어를 하는 사람으로는 절대 인식되지 않을 것이다. 식물학 지식이 풍부한 유능하고 성공적인 지식인으로 살았던 남편이, 그들에게는 자기들과 마찬가지로 제 기능을 하는 한 사람의 인간으로 보이지 않을 것이다.

얼마 전부터 나는 내 심장이 잠깐씩 멈춘다는 걸 알게 되었다. 일시적인 증상이긴 했지만, 만약을 대비해 아들이 나를 그 병원의 응급실로 데려갔다. 나는 응급실 의사가 남편의 생식기에 카테터를 달고 있다고 착각한 바로 그 의사가 아닐까 싶어 두려웠다. 하지만 그 의사는 없었고, 새로 온 의사가 나타났는데 아들의 친구였다.

우리가 기다리고 있는 곳으로 들어오더니 아들과 그는 서로 반갑게 인사하며 어깨동무를 했다. 나에게 등을 돌린 채로 둘은 한참을 웃으며 그동안의 안부를 주고받았다. 그리고 그는 아들과 힘차게 악수를 나눈 뒤 아들의 등을 토닥이며 조만간 저녁식사를 하자는 말을 남기고 응급실을 떠났다.

그 의사가 데스크에 뭐라고 말해둔 게 분명했다. 잠시 후 누군가 다가와 내 가슴에 작은 기구를 붙이며 심장 박동을 체크하는 기구이니 2주 동안 차고 있어야 한다고 알려주었기 때문이다. 그 기구에 나타난 바로는 내 심장에는 아직 아무 이상이 없었다. 다행히 병원 응급실을 방문했던 우리의 임무가 어느 정도 성공은 거둔 셈이었다. 물론 그 의사가 심장에 문제가 있어 보이는 늙은 노인에게 한 번이라도 말을 걸어주었더라면 훨씬 좋았을 테지만 말이다.

나는 노인들을 존경하는 의사 몇 명을 알고 있다. 만약 안과, 종양학과, 치과, 이비인후과, 일반의학과 중에서 노인을 존경하는 의사들을 알고 싶은 독자가 있다면, 나는 그들의 이름을 알려드릴 의향이 있다.

9장

우리가 고립을
두려워하는 진짜 이유

우리는 성공적인 노화와 관련된 다양한 조언을 듣는다. 조언은 대개 우리 자신을 어떻게 하면 잘 보살필 수 있는지, 고독과 우울증을 어떻게 피할 수 있는지에 대한 방법들로, 결론은 건강한 습관을 가지고 즐겁게 일하라는 내용이 대부분이다.

하나같이 고마운 말이긴 하다. 하지만 내가 생각하기에 가장 중요한 방법은 그런 조언들 중에는 없는 것 같다. 그것은 바로 사람들과 굳건한 유대 관계를 만드는 일이다. 우리는 사회적 동물이기에 강력한 사회적 관계가 중요하다. '관계'는 거의 모든 종이 생존하는 데 없어서는 안 될 필요충분조건이기 때문이다.

유인원부터 현재의 우리까지, 인류 조상들의 진화 과정을 생각해보자. 긴팔원숭이, 고대 침팬지, 오스트랄로피테쿠스(Australopithecus, 약 800만 년 전부터 160만 년 초기에 걸쳐 출현

한 인류—옮긴이), 호모 에렉투스(Homo Erectus, 아프리카에서 처음 출현하여 다른 지역으로 이주한 최초의 인류—옮긴이) 등은 아주 강한 사회적 관계를 이루는 동물들이었다. 그들에게는 한 집단의 구성원이 되는 것이야말로 생존의 가장 중요한 요소였다. 특히 인간은 상호 협동하고 관계를 맺는 능력 때문에 지구라는 행성에서 200만 년 이상 존속할 수 있었다.

이 말에 과학을 좋아하는 사람들은 무척 만족해할 것이지만, 만약 당신이 종교적인 사람이라면 성경의 황금률을 살펴보기 바란다. 루가복음 6장 31절에 이런 말씀이 있다.

"너희는 남에게서 바라는 대로 남에게 해주어라."

우리가 황금률이라 부르는 이 행위 규범은 그리스도교도가 이웃에게 해야 할 도리를 요약한 것으로, 기본적인 윤리 원칙을 말하고 있다. 관계를 형성하고 유지하는 것이 인간의 행복과 안전에 가장 중요한 요소가 된다는 얘기다. 그밖에도 성경에는 수백 군데에 걸친 말씀을 통해 사회적 관계의 중요성을 강조하고 있다.

물론 우리 스스로도 착한 사람이 되려고 노력한다. 그래서 성경의 황금률을 사회적, 가족적 관계에 기꺼이 적용하고, 단단하고 따뜻한 인간관계를 유지하려 하지 않는가. 이런 강한 관계가 없다면 모든 게 잘못될 수도 있다. 나는 여기서 그런 사례 두 가지를 소개하려고 한다. 하나는 최근의 일이고, 다른 하나는 아주 오래전의 일이다. 첫 번째는 오랜 지인인 '메리'에 관한 일화다.

메리는 우리 집에서 6개월 동안 손님으로 함께 지냈는데, 그녀를 살펴보면 고립된 삶이 무엇인지를 잘 알 수 있다. 아마 내가 들려주는 이야기를 통해 그녀가 고립될 수밖에 없는 이유까지 엿볼 수 있을 것이다. 비교적 최근에 일어난 일이고, 행복한 이야기가 아니기에 어떤 부분은 살짝 바꾸어 그녀의 프라이버시를 지키려 한다.

어느 날, 메리가 나를 찾아와 느닷없이 함께 살아도 되는지를 물었다. 당시 메리는 혼자였고 건강마저 나빠진 상태였는데, 가족들과도 연락이 끊어져 있다고 했다. 나는 메리를 어릴 적부터 알고 지냈지만 그런 연락을 받기 전까지는 거의 만난 적이 없었다. 하지만 메리의 부모님과 내가 한때 친하게 지냈기에 흔쾌히 그래도 좋다고 했다.

메리는 숙박비는 고사하고 생활비도 보태지 않았다. 물론 내가 돈을 내라고 말하지도 않았지만, 그렇다고 메리는 기뻐하거나 이 집안의 일원이 되었다고는 생각하지 않는 듯했다. 그냥 당연한 일이라는 듯이 순전히 놀고먹는 나날을 보냈다.

그런데 시간이 흐르면서 슬슬 이상한 일이 벌어졌다. 나한테는 직접 불평하지 않았지만, 메리는 함께 지낸 지 얼마 되지 않았을 때부터 우리 집 도우미인 벨라에게 불평을 늘어놓는다는 걸 알게 되었다. 메리는 우리 집 주변 경치에 대해 흠을 잡았다. 날씨와 나에 대해서도, 아들과 가족들에 대해서도 불평을 했다. 우리 집 강아지와 고양이에 대해서도, 우리가 먹는 음식에 대해서도, 우리가 요리하는 법에 대해서도 불만이 많았다.

그녀는 심지어 우리 집 자체에 대해서도 너무 더럽다고 흠을 잡았다. 그 집을 벨라가 청소하는데도 말이다. 메리는 대부분의 시간을 집안에서 지냈다. 산책하러 나가지도 않았고, 직업을 구하려고 노력하지도 않았다. 하루 종일 텔레비전을 보거나 벨라에게 불평을 늘어놓으며 시간을 보냈다.

나와는 20년 지기인 벨라는 그녀의 불평을 내게 전하면서, 그녀가 왜 이 집에 계속 있으려는 건지 이해가 되지 않는다고 말했다. 메리는 자동차를 항공편으로 실어 왔기 때문에 가고 싶은 곳이 있으면 어디든 갈 수 있었다. 얼마 전엔 아파트도 처분했기에 어느 정도 돈도 있었다. 건강하고, 공부도 할 만큼 했고, 설득력 있게 말도 잘하는 사람이라 원한다면 얼마든지 직장을 구할 수 있었다.

벨라와 나는 최소한 자원봉사 일이라도 하며 의미 있는 시간을 보내라고 권해보기도 했지만, 메리는 가만히 앉아 주변의 것들을 미워하며 시간을 보내는 걸 더 좋아했다. 그렇게 6개월이 지난 뒤에, 나는 혹시 메리가 영원히 우리 집에 눌러

앉으려는 게 아닌지 의심이 되기 시작했다. 나는 메리에게 각서를 요구했다. 메리가 원하는 만큼 있어도 되지만 내가 죽으면 이 집은 내 아이들의 소유라는 걸 확인하는 각서였다. 아이들이 이 집을 처분할 경우 메리는 다른 곳으로 거처를 옮겨야 한다는 내용이었다.

그녀는 서명하기 전에 약간의 수정을 원했다. 가령 떠나기 2주 전에는 통보를 받아야 한다는 내용 같은 것을 넣고 싶어 했다. 나는 메리가 원하는 대로 각서를 수정했다. 메리는 아무 말 없이 각서에 서명했다. 그리고 며칠 뒤 플로리다주에 집을 샀다고 말하고는, 그로부터 일주일 뒤에 떠났다.

몇 달이 지난 후, 벨라가 암 진단을 받았다. 악성이었다. 그리고 너무나 급작스럽게 병원에 입원했다. 며칠 뒤 나는 벨라의 병문안을 갔는데, 그때 마침 벨라의 남편이 그녀에게 우편물을 건네고 있었다. 그것을 받아 눈으로 살펴보던 벨라는 입을 떡 벌린 채 마치 독극물이 묻기라도 한 것처럼 손가락으로 편지 한쪽 모서리를 잡고 나에게 주며 말했다.

"읽어보세요. 메리 편지예요."

A4용지 석 장에 걸쳐 쓴 아주 긴 편지였다. 우선 메리는 자기한테 친절하게 대해줘서 고맙다며 벨라에게 감사의 인사를 했다. 그리고 우리 집에 있었던 시간들을 자기 버전으로 늘어놓기 시작했다.

우리가 일을 시키지도 않았는데 자신이 '노예처럼' 살았다며, 우리 집에서 '항상 불안했다'고 했다. 우리 집 개 때문이었나? 언제든 자기 자동차로 떠날 수 있었는데도 불구하고 '감옥에 갇혀' 지냈다고도 했다. 우리 집에서 정말 '인생 최악의 경험'을 했다고도 했다. 우리 집에서 딱 6개월을 살았는데 '생각만큼 빨리 나오지 못했다'고도 했다.

메리가 불평불만이 많은 여자라는 건 알고 있었지만, 그 편지는 정말 대단했다. 나는 너무 놀랐고, 벨라도 놀라움을 금치 못했다. 우리는 완전히 정나미가 떨어져서 서로의 얼굴만 멍하니 바라보았다. 벨라의 동정심을 이끌어내려는 그 편지는, 오히려 메리를 우리들로부터 영원히 멀어지게 했다. 메리는 다른 사람이 자신에게 해주기를 바라는 방식으로 우리를 대하지 않았다. 자신의 방법이 위험하다는 걸 깨닫지 못하는 이상, 언제 어디서든 또다시 그렇게 행동할 것이 분명했다.

사람의 됨됨이는 타고 난다. 그건 선택의 문제가 아니다. 그리고 우리는 상대가 우리를 어떻게 생각하는지 잘 모른다. 메리는 시종일관 불평만 하는 태도가 스스로를 고립시키는 일이라고는 전혀 생각하지 못했을 것이다. 나는 메리가 사람을 대하는 방법을 찾지 못한다면 노년의 삶을 혼자 견뎌야 할지 모른다는 생각에 좀 무서워졌다. 나로 말하면, 메리를 돕고자 하는 내 노력이 무위로 끝났기 때문에 이제 다시 그녀를 만나는 일이 없기를 바랄 뿐이다.

메리의 이야기가 관계에서 소외된다는 게 어떤 것인지 보여준다면, 두 번째 사례는 우리가 왜 고립이나 소외를 두려워하는지를 알려준다. 내가 잠시 함께 살았던 산족의 이야기로, 1950년대 초반 아프리카 사바나에서 있었던 일이다.

나는 산족 문화에서도 분열을 피하는 방식으로 발전된 문화를 보았다. 산족 사람들은 누구나 평등하다. 다른 사람들보다 더 낫거나 더 중요한 사람이 없고, 그렇게 되고자 노력하는 사람도 없다. 산족에게는 족장이나 추장도 없다. 아이들 놀이에도 승자와 패자가 없다. 중요한 결정은 부족민들의 합의로 결정되고, 모든 사람들은 의견을 낼 수 있다.

대부분의 산족 사람들은 수십 개에 달하는 사회관계망을 가지는데, 그 관계는 단순히 결혼이나 출산을 넘어선다. 가령 자신의 이름이 다른 사람의 이름을 그대로 딴 것이면 그 사람과도 관계가 생긴다. 또 많은 사람들이 멀리 떨어진 누군가와 소위 동반자 관계를 맺는다. 동반자가 된 두 사람은 정기적으로 선물을 주고받으며 서로의 우정과 안전을 꾀한다.

만약 주변 환경이 피해를 입었는데 집 앞의 웅덩이가 말랐다고 하자. 이때 동반자의 집은 멀쩡하고 심지어 물까지 충분하다고 하면, 동반자의 가족들과 함께 동반자의 집에서 지낼수 있다. 이런 방식으로 산족 구성원의 대부분은 수십 개 이상의 관계를 유지하며 지낸다.

하지만 나는 그중에서 오직 하나의 관계망만 가진 사람을 알고 있었다. '가오'라는 남자였는데, 그는 결국 그 하나의 관계망조차 잃어버리고 말았다.

가오는 사냥이 결혼의 필수조건인 산족의 세계에서 사냥을 잘하지 못해서 결혼을 못한 남자였다. 누나가 살아 있는 유일한 친척이고 유일한 관계였기 때문에, 가오는 누나와 매형의 거주지에서 함께 살았다. 하지만 사냥 실력이 없어서 누나네 식구들에게 그리 도움이 되지는 못했다. 누나 말고 다른 사람들은 가오를 별로 돕고 싶어 하지도 않았다.

이런 상황이 가오를 더욱 우울하고 불만이 심한 사람으로 만들었다. 결국 가오는 메리가 했던 행동들을 하기 시작했다. 바로 다른 사람의 트집을 잡고 이간질을 한 것이다. 그런 일들이 자신에게 절대 도움이 될 리 없음에도, 그는 사람들의 관심을 끌기 위해 그런 길로 빠져들었다.

어느 날, 한 무리의 사람들이 가오의 집에 놀러 왔다. 그중 독감에 걸린 사람이 있었는데, 며칠이 지나자 독감은 거주지 전체에 퍼졌고 가오의 누나도 독감에 걸리고 말았다. 가오보다 나이가 많은 누나는 몸이 약한 탓에 끝내 사망하고 말았다. 산족은 거주지에서 누군가 죽으면 함께 지내던 사람들이 모두 거주지를 옮긴다. 그래서 가오를 포함한 모두가 이동할 준비를 해야 했다. 다른 거주지를 찾아 이동하는 데는 보통 걸어서 이틀 정도 걸린다.

나는 새로운 거주지를 찾아 일렬로 뚜벅뚜벅 걸어가던 사람들이 아직도 눈에 선하다. 가장 강한 남자가 창을 들고 맨 앞에 서고, 그 다음 강한 남자가 창을 들고 행렬의 마지막을 지킨다. 그리고 그 사이에 아기와 작은 아이들, 여러 짐을 진 여자와 남자들이 한 줄로 서서 걸어간다.

가오는 다른 사람들처럼 빨리 걸을 수 없기 때문에 곧 뒤처지기 시작했다. 헝겊 쪼가리를 이어붙인 듯한 짧은 아랫도리만 걸친 채 아무것도 들지 않은 양팔을 좌우로 흔들거리며 천천히 걸어갔다. 이윽고 저녁이 찾아왔고, 사람들은 야영 준비를 시작했다. 그런데 가오가 그들 속에 없었다. 산족은 이동할 때 누군가 뒤쳐지면, 몇 사람이 되돌아가 낙오된 사람을 찾는다. 하지만 아무도 가오를 찾기 위해 되돌아가지 않았다. 가오는 하이에나의 공격을 막아줄 불도 피우지 못하고, 끝없이 펼쳐진 초원 위에 혼자 덩그러니 남겨졌다.

사회적 관계망은 바로 이런 순간 더욱 절실해진다. 소외는 사회적 동물에게 고통스러운 것이다. 하지만 인간들만 그런 고통을 경험하는 건 아니다. 소외에 대해 생각할 때마다 메리와 가오가 떠오르는데, 나는 여기에 더해 어떤 야생 칠면조와 사자가 생각나기도 한다.

칠면조는 무리 지어 사는 동물이다. 서로가 함께 있기를 원할 뿐 아니라 여러 마리가 동시에 사방을 둘러볼 수 있으면, 혼자 있을 때보다 훨씬 안전하기 때문이다. 그런 면에서 칠면조는 1950년대 산족과 비슷하다. 하지만 뉴햄프셔주의 우리 집 창밖으로 가끔 보이는 수컷 칠면조의 사정은 조금 달랐다. 우리 집 마당을 혼자 어슬렁거리는 수컷 칠면조가 있는데, 나는 그 칠면조가 넓은 마당을 걸어 다니며 풀을 쪼아 먹고 곤충을 찾아다니는 걸 보았다.

간혹 다른 칠면조 무리가 숲속에서 나오면 그 수컷 칠면조도 무리에 섞이려고 애를 썼다. 그 칠면조는 무리에서 항상 5~6미터 정도 떨어져 있었는데, 무리에 정말 끼고 싶어 했다. 그게 아니면 최소한 가까이라도 있고 싶어 하는 것 같았다. 하지만 그런 시도는 번번이 실패로 끝났다. 다른 칠면조들이 완강히 거부했기 때문이다.

매일 저녁 해가 지기 직전, 칠면조들은 저마다 좋아하는 나무 위로 날아올라 밤을 보낸다. 어느 날 밤, 다른 칠면조들이 모두 나무 위에 올라간 뒤에 우리 집 칠면조도 그들을 따라 나무 위로 올라가려 했다. 하지만 순간 날개들이 요란하게 퍼드덕거리는 소리가 들렸고, 수컷 칠면조는 다시 풀숲으로 내려왔다. 칠면조 무리가 그 칠면조를 쫓아낸 것이다.

칠면조에게는 당연히 포식자가 있다. 포식자들은 대부분 야행성이다. 주변엔 그 칠면조가 올라가 쉴 수 있는 나무들이 수백 그루나 있었지만 녀석은 엄두를 내지 못했다. 이미 칠흑 같은 밤이 되었고, 칠면조들은 밤에는 잘 볼 수 없기 때문에 결국 그 칠면조는 새벽녘이 되도록 풀숲에 납작하게 엎드려 혼자 지냈다.

올해 들어서는 그 칠면조를 보지 못했다. 무슨 일이 일어난 게 분명하다. 나는 그 칠면조가 너무 가련해서 가끔 옥수수 알을 바깥에 놔두었지만 다른 칠면조들이 와서 먹을 뿐이었다.

오래전 나는 나미비아 에토샤국립공원(Ethosha Park)에서 사자 한 마리를 본 적이 있다. 때는 1980년대로, 동물학자 캐서린 페인(Katharine Payne)과 함께였다. 그녀는 육지 포유류 동물이 초저주파 소리(Infrasonics, 인간의 가청 영역을 벗어나는 소리 – 옮긴이)를 이용한다는 사실을 처음 밝혀낸 세계적인 동물학자다.

케이티는 코끼리 무리의 소리를 녹음하기 위해 코끼리들이 밤에 물을 마시러 오는 물웅덩이 근처에 5미터 높이의 단을 만들었다. 우리는 그 위에서 코끼리들이 오기를 기다리고 있었는데, 멀리서 수풀을 헤치고 코끼리 대신 사자 한 마리가 걸어왔다.

어스름한 저녁이었다. 해는 서쪽에 낮게 걸려 있었다. 우리는 사자가 우리 쪽으로 걸어오는 걸 숨죽이며 지켜보았다. 갈기가 검은색인 걸로 보아 꽤 늙은 사자임이 분명했다. 사자는 느릿느릿 30미터쯤 떨어진 작은 언덕으로 올라가더니, 그곳에 앉아 해가 지는 쪽을 바라보았다. 팔꿈치로 몸을 지탱한 채 고개를 꼿꼿이 들고 귀를 쫑긋 세운 채였다.

그러다 사자가 갑자기 거대한 소리로 으르렁거리기 시작했다. 울고 또 울고, 해가 지평선 끝으로 기울어 마지막 붉은 기운이 아래로 사라질 때까지 사자는 해에게서 눈을 떼지 않고 계속 으르렁거렸다. 그러더니 갑자기 우뚝 서서 뒤로 돌아서더니, 왔던 길로 천천히 되돌아갔다. 사자는 분명히 우리를 보았을 텐데, 오로지 저무는 해를 향해 으르렁거리기만 했다. 사자에게 우리는 아무것도 아니었던 모양이다. 어쩌면 우리가 새처럼 보였을지도 모르겠다.

사자는 사회적 동물이다. 늙은 사자가 홀로 있다는 사실은 한때 그 사자의 것이었던 맹수의 용맹함을, 자기보다 더 강하고 젊은 사자와의 싸움에서 잃어버렸다는 뜻이다. 패배한 그 사자는 남은 생을 혼자 살아야 할지도 모른다. 사냥을 할 때 도와줄 동료 하나 없이, 살아남기 위해 혼자 필사적인 노력을 해야 한다. 늙은 사자가 혼자 지내는 데는 다른 이유가 없다. 그 사자는 무리에서 추방된 것이다.

우리는 사자가 으르렁거리는 소리가 무섭다고 생각한다.

그 소리가 마치 우리를 위협하는 것처럼 들리기 때문인데, 사실 사자들에게 그 소리는 대화다. '나 여기 있다!'라고 말하는 것이다. 다른 사자를 위협하려고 으르렁거릴 때도 있지만, 질문에 대한 답을 구하려고 으르렁거릴 때도 있다. 태양은 당연히 답을 하지 않았지만, 그때 사자는 해를 향해 어떤 질문을 던졌던 게 아닐까?

10장

행복한 노년을 위한

세 가지 제안

고립은 누구에게나 심각한 문제다. 특히 노인에게는 더 그렇다. 하지만 노화에 관한 책들은 고립이라는 문제를 심각하게 다루지 않는다. 그것은 부분적으로는 우리가 사는 방식, 즉 핵가족이라는 삶의 방식 때문일 것이다. 핵가족은 아이가 자라 독립하여 자기 가정을 꾸리기 때문에 생기고, 그래서 고립이 가능해지게 만든다.

핵가족은 인류가 산족으로 진화하여 아프리카 사바나에 살기 시작하면서 형성된 삶의 방식과는 완전히 다르다. 사바나에서 인간은 무리 지어 생활했다. 부족원이 새로 생기거나 없어지는 경우도 있었지만, 그렇더라도 부족은 항상 거기에 있었고 결집력은 단단했다.

오늘날 우리에게는 산족의 그것과 비교할 정도의 관계가 없다. 그저 일시적으로라도 개인적인 관계를 만들려고 노력하면서 '옛날 방식'을 최대한 비슷하게 흉내 낼 뿐이다. 그래서 우리의 관계들은 매우 취약하거나 단기적인 때가 많고, 그렇다고 아무나 그런 관계를 만들 수 있는 것도 아니다. 물론 고립에서 벗어나 성공적인 노년을 맞기 위한 제대로 된 방법을 제시하는 연구도 있다. 나는 이 책을 통해 그런 연구들이 제안하는, 가장 중요한 세 가지 원칙을 말해보려 한다.

첫 번째는 '건강을 유지하라'다. 술을 많이 마시지 말고, 담배도 많이 피우지 말자. 운동을 열심히 하고, 제대로 요리된 옳은 음식을 먹어야 한다. 지금 이대로 실천하는 사람도 많을 것이다. 그런 이들은 행운아다. 스스로에게 무슨 짓을 하고 있는지 상관하지 않은 채, 일단 숨을 쉬는 걸 보니 스스로 건강을 잘 챙기고 있다고 착각하는 사람들보다 훨씬 오래 살 테니 말이다.

나는 후자에 속한다. 담배를 피우기 때문이다. 먹는 것 역시 냉장고에서 눈에 띄는 거면 아무것이나 먹는다. 사이 몽고메리가 준 냉동 호랑이똥만 빼고 말이다. 물론 나는 언젠가 호랑이똥까지 먹을 정도로 정신이 완전히 나가버리지 않기를 항상 기도한다.

나는 음식에 관해 나름 기준을 가지고 있는데, 특히 설탕이 건강에 해롭다고는 믿지 않는다. 나는 집 근처의 벌새들이 먹이통에서 물을 먹는 광경을 가끔 바라본다. 벌새들이 빨아들이는 물은 25퍼센트 당도의 물이다. 자그마한 벌새 다섯 마리가 하루에 0.9리터의 물을 빨아먹는 걸 보았다.

그 조그만 녀석들은 말 그대로 온몸이 설탕으로 가득 차 있을 것이다. 하지만 그들에겐 그게 도움이 되는 것 같다. 벌새들은 가을에 뉴햄프셔주에서 파나마로 날아갔다가 봄이 되면 되돌아온다. 그런 걸 해낼 수 있으니 건강하다는 증거가 아니겠는가. 그러면 나의 뇌는 또 말한다.

"하지만 너는 벌새가 아니잖아?"

나의 대답은 이렇다.

"그래서 뭐 어쩌라고?"

몇 해 전, 나는 운동까지 해가며 억지로 건강해져야 하는 일이 있었다. 태국에 가서 승냥이를 관찰하는 행사에 초청받았기 때문이다. 승냥이는 개과에 속하는 야생 육식동물로, 아시아 버전의 늑대라고 생각하면 된다. 나는 사이 몽고메리를 포함한 소규모 사람들과 동행하기로 되어 있었다. 그들과 동행하려면 최소한 하루에 8킬로미터는 걸을 수 있어야 했다. 이런 조건을 들었을 때, 나는 콧방귀를 뀌었다. 8킬로미터라고? 케니다 배핀 섬에서 120킬로미터를 걸어서 횡단한 나였다. 하지만 나의 뇌가 말했다.

"이봐, 그땐 마흔 살이었어. 당신은 이제 여든 살이야."

그렇다, 그건 사실이었다. 하지만 나는 정말 가고 싶었다. 그러려면 준비를 해야 했다. 그때 문득 깨달은 것이 있었다. 사무실까지 걸어서 출퇴근하는 것으로는 운동이 될 턱이 없다는 사실을 말이다. 그래서 나는 하루에 4킬로미터씩 걷기로 했다. 집에서 출발하여 도로 끝까지 갔다가 되돌아왔다. 이 훈련은 태국을 가는 데 도움이 되었을 뿐 아니라 하루 운동량으로도 충분했다.

흡연에 대해서 말을 하자면, 흡연자의 3분의 2가 담배로 죽는다고 한다. 그렇다는 것은, 3분의 1은 안 그렇다는 뜻이다. 이 글을 쓰는 지금, 나는 만족할 만큼 건강하다. 이제까지 31,968일을 살았고, 심장은 3,658,176,000번이나 잘 뛰고 있으며, 지난 4년 동안 292,000개의 담배를 피웠어도 멀쩡하기 때문이다. 나는 속으로 되뇌었다.

'난 그 행운의 3분의 1에 속하는구나.'

사실 나는 녹내장 뿐 아니라 황반퇴화증까지 있어 시력이 점점 나빠지고 있다. 의사는 담배 때문에 이런 증상들이 더 악화되고 있다고 말하지만 지금은 나의 시력 이야기를 하고 싶지 않다.

그리고 내가 괴짜라는 걸 나도 잘 알기에 하는 말인데, 만약 이 책이 나올 때쯤 내가 죽게 된다면, 아니면 벌써 세상을 뜬 후라면, 출판사에서 '나쁜 습관 때문에 세상을 떠난 작가'라고 붉은 글씨로 크게 써서 책표지의 내 이름 밑에 넣어주면 좋겠다.

내가 제일 좋아하는 사진은 100세 생일을 맞은 우리 할머니가 케이크 촛불로 담뱃불을 붙이는 장면이다. 80세 생일에 나도 그런 사진을 찍고 싶어서 카메라를 들고 왔더니 아이들은 그런 내 사진을 원하지 않았다.

"제발, 그 카메라 좀 치우세요."

아이들이 그랬다. 내가 방금 '아이들'이라고 하지 않았나? 그 아이들은 이제 나에게 명령조로 말을 하는 다 큰 어른들이다. 나는 카메라를 얼른 치웠다.

두 번째 제안은 '무엇인가를 하라'다. 그런데 바로 여기서, 누군가에게는 '은퇴'가 문제가 될 수 있다. 만약 당신이 평생 직업을 가지고 있었는데 갑자기 은퇴를 했다면, 어느 대낮에 우두커니 텔레비전 앞에 앉아 도대체 저 광고는 뭘 팔려는 건지 이해하려고 애쓰는 자신을 발견하게 될지 모른다.

멍하니 창밖을 내다보다 마당에 잡초가 자라는 걸 발견하게 될지도 모를 일이다. 함께 산책을 나갈 강아지나 당신 무릎에 앉아 주인을 향해 가르랑거리는 고양이가 있다면 그나마 다행이다. 하지만 그렇더라도 동료들과 어깨를 마주하며 공동의 목표를 위해 일하던 젊은 시절 같지는 않을 것이다.

그들 중 누군가는 당신의 친구였고, 아침에 회사에 도착하여 반갑게 인사를 나누고, 점심식사도 같이 했다. 하지만 이제 당신이 유일하게 만나는 사람은 거울 속에 비친 자신뿐이다. 사람은 모름지기 모든 걸 긍정적으로 생각해야 한다는데, 당신이라면 이런 상황에서 무조건 긍정적일 수 있을까? 당신의 삶이 외롭고 무서운 악몽 같은데 말이다.

그러나 은퇴가 기회인 사람들도 있다. 우선 당신은 여행을 떠날 수 있다. 파리에 가서 에펠탑을 볼 수 있고, 나미비아에서 사파리 투어를 하며 사자를 볼 수도 있다. 아니면 개코원숭이가 다가오는 걸 볼 수도 있다. 저놈이 내가 먹는 크래커를 빼앗아 먹으려고 다가오는 게 아닐까 궁금해하면서 말이다. 또는 매일 골프를 치며 실력을 키워갈 수도 있다.

노숙자 쉼터나 교회, 병원에서 당신보다 어려운 처지에 처한 사람들을 돌보는 봉사를 해도 된다. 공직에 출마할 수도 있지 않은가? 선거에 당선될지 누가 아는가? 그게 싫다면, 해변에 앉아 파도가 부서지는 소리를 들을 수도 있다.

당신이 쉬는 그 바닷가가 코스타리카의 어느 해변이 될 수도 있다. 해변에 싫증이 나면 근처 숲을 찾아가 거미원숭이를 보거나 당신이 떠나 온 직장, 당신이 퇴직한 시끄러운 일터를 다시 떠올려볼 수도 있고, 아니면 집에 있으면서 채소밭을 일굴 수도 있다. 매일 아침 채소들이 물을 잘 먹었는지 확인하고 채소들이 잘 자라도록 기생충과 잡초를 없애는 데 열중할 수도 있다.

어느 연구에 따르면, 은퇴 후에 자신이 좋아하는 일을 하는 사람들은 행복한 여생을 보낸다고 한다. 당신이 투자한 펀드가 안전하고 건강도 나쁘지 않다면, 그리고 하고 싶은 일을 선택하여 계속 그 일을 할 수 있다면, 은퇴 후의 삶이야말로 당신 생애 최고의 날들이 될 것이다.

세 번째 제안은 '고립되지 말라'다. 메리와 가오 이야기, 칠면조와 사자 이야기를 통해 내가 말하려고 했듯이 세 번째 제안이야말로 가장 중요한 요소일지 모른다. 인간은 멋지고 재미있는 유인원으로, 모두 사회적 동물로 태어났다.

하지만 나처럼 남편이 없는 여자는 노년의 시간을 어쩔 수 없이 혼자 지내야 할 때가 많다. 그래서 나는 항상 텔레비전을 켜둔다. 그러면 사람의 목소리를 들을 수 있다. 또한 개 두 마리와 고양이 세 마리도 함께 키운다. 모두 수컷이다. 이 집에서는 나만 암컷이지만, 그게 무슨 상관이랴? 우린 모두 같은 침대에서 잠이 든다. 따뜻한 몸뚱이를 서로에게 꼭 붙이고, 모두 행복해한다.

그럼에도 아침에 일어나서 종종 우울해질 때도 있다. 물론 이런 우울함도 서재에 나가면 거의 희석되지만 말이다. 나에게 서재는 내가 이 책을 통해 말하고 있는 삶과 시간을 보내는 곳이다. 그 삶이 보통은 괜찮은 듯 흘러가지만, 항상 그런 건 아니다. 예를 들어 이 책의 주제가 때로는 내 우울증을 더 심하게 만들 때도 있다. 책을 쓰는 동안 늙은 나이에서 오는 나의 증상들을 끊임없이 생각해야 하니 말이다.

나는 아들네 가족이 길 건너편에 산다는 게 참 감사하다. 나에게 친구가 있고, 유선전화를 가지고 있는 것에도 감사하다. 딸이 생각날 때마다 휴대폰 수신 감도가 좋은 곳을 찾아다니지 않아도 텍사스에 있는 그 아이에게 전화를 걸 수 있으니 말이다. 이 모든 것들은 참 기쁜 일들이다. 이런 태도를 계속 유지하며 나를 우울하거나 외롭게 만드는 생각과 기억들을 차단할 수만 있다면, 아마도 나는 더 나은 삶을 살 수 있을 것이다.

또 나는 마을의 공동체위원회 두 곳에 참여하는 것도 만족스럽다. 위원회에 가면 새로운 사람들을 만날 수 있는데, 나는 그들과 함께 연구와 사고를 요하는 공공의 문제들에 관해 이야기를 나눈다. 이때는 내가 사회적인 환경으로 들어가는 순간으로, 그건 마치 보청기를 끼는 것과 비슷하다. 진짜 세계로 들어가는 느낌이다.

하지만 혼자인 삶이 누군가에게는 끔찍한 재앙이 될 수도 있다. 완다는 그런 사람들을 위해 노인 돌보미로 일했는데, 그녀의 말에 따르면 어떤 사람들은 정말로 비참한 환경에서 살고 있다고 한다. 더럽고 지저분하고, 심지어 제대로 먹을 음식도 없는 곳에서 말이다. 혼자 남게 되면, 방금 내가 말한 이런저런 상황들이 시간이 갈수록 나빠지기만 한다. 정리가 안 된 집이 자연히 그 사람의 생태계가 되고, 그러면 아무도 방문하려고 하지 않으니, 거의 하루 종일 혼자 지내게 되는 것이다. 그래서 더욱 우울해지는 것이다.

그럼에도 우리 같은 노인들 중에는 오로지 집안에만 머물려는 사람들이 많다. 그러다 신체적, 정신적 퇴화가 시작되면 완다 같은 도우미를 찾는데, 다행히 가족 중에 누군가와 함께 사는 경우도 있다. 나의 아버지가 그렇게 하셨다.

돌아가실 즈음의 아버지가 생각난다. 아버지는 이미 기억을 완전히 잃은 상태였지만, 우리를 알아보지 못해도 편하게 지내셨다. 잠옷과 그 위에 목욕 가운을 걸쳐 입은 채로, 어머니가 두 권의 책을 집필하실 동안 언제나 그 옆에 앉아 계셨다.

나는 종종 부모님을 찾아가 뵈었다. 아버지가 나를 못 알아보실 때가 많았지만 어머니는 언제나 나를 알아보셨고, 그런 어머니 옆에서 아버지는 언제나 행복하고 만족스러우신 것 같았다. 만약 아버지가 요양원에 계셨다면 필시 어머니를 찾으려고 여기저기 돌아다니셨을 테고, 그럼 병실에 감금 당하셨을 게 분명하다.

집에서는 자유롭게 돌아다닐 수 있었는데, 아버지는 그러지 않으셨다. 어머니 옆에 앉아 있는 걸 좋아하셨다. 아버지와 어머니는 각자의 어머니들도 돌보았는데, 어머니는 여기나 아버지까지 놀보셨다. 나도 마찬가지였다. 시어머니와 친정어머니를 돌보았고, 남편도 보살폈다.

모든 일이 순탄하게 잘 흘러간다면, 나의 아이들도 나를 지켜줄 것이다. 옛날에는 이것이 선택의 문제가 아닌 당연히 해야 하는 일이었다. 우리 가족은 나름 이런 전통을 잘 지켜내고 있지만, 누군가에게는 너무 먼 이야기로 들릴 수 있다.

'함께 살아라.'

본능은 우리에게 그렇게 상기시키지만, 모든 사람들이 그렇게 할 수 있는 건 아니다. 나의 할머니들부터 나까지, 앞서 언급된 사람들에게는 자신을 사랑하는 자식들이 가까이에 있었다. 그럼 자식이 없는 사람들은 어떻게 해야 하나? 자식이 있지만 부모를 돌보지 않는다면? 외국에 살거나 어쨌든 당신을 도울 수 없는 상태라면? 자식들이 어디 살 건, 그리고 무슨 생각을 하건 상관없이 당신이 아이들에게 짐이 되기 싫다면 어떻게 할 것인가?

만약 당신이 집에 있기를 원한다면, 정신이 멀쩡하고 건강이 괜찮을 때까지는 큰 문제가 없다. 하지만 건강이 약해지기 시작하면 방문 돌봄 서비스를 제공하는 기관을 찾아봐야 한다. 나도 남편 때문에 방문 돌봄 서비스를 신청하여 간병인을 집에 오도록 요청하곤 했다.

간병인은 아침에 우리 집에 와서 남편이 침대에서 일어나도록 도와주고, 저녁에 다시 와서 남편을 침대에 눕도록 도와주었다. 그 사이사이에는 나머지 식구들이 남편을 돌보았다.

하지만 내가 집에 있기로 결정한다면 이 방법이 내게는 맞지 않을 수도 있다. 나를 위해 간병인이 집에 온다 해도 이 집에 관련된 모든 일들은 여전히 내가 돌봐야 하기 때문이다.

이것은 좀 부담스러운 일이다. 특히 내 정신이 온전하지 않다면 더욱 그럴 것이다. 나는 종종 자동차 점검을 깜박 잊기도 하고, 신용카드를 찾느라 주머니를 한참 동안 뒤적거리기도 한다. 이렇게 심각한 혼란을 피하려면, 우리는 반드시 누군가의 도움을 받아야 한다. 그런 도움은 확실하게 믿을 수 있는 사람에게서만 받아야 한다. 정신이 희미한 노인보다 속이기 쉽고 물건을 훔쳐가기 쉬운 사람은 없을 테니 말이다.

이런 일들 때문에 우리는 자연스레 실버타운을 찾게 된다. 다시 말하지만 나는 집에서 아이들과 함께 살 계획을 가지고 있다. 하지만 나의 딸이나 나의 아주 친한 친구 몇 명은 자식이 없기 때문에 아마도 언젠가 그런 시설에 들어가게 되지 않을까 싶다.

모두 그곳에서 아주 행복하게 지낼 것이라 확신하지만, 모든 게 완벽할 수는 없다. 그래서 나는 다음 장에 이런 시설이 가진 몇몇 문제점들에 대해 말하려고 한다. 물론 실버타운의 중요한 가치도 말할 것이다. 우리들 중 누군가에게는 그런 시설들이 답이 될 수 있기 때문이다. 잘 늙어가는 것에 대한 가장 좋은 답, 또는 유일한 답이 될 수 있으니 말이다.

11장

노년을 보낼
가장 좋은 장소는

노인 주거단지는 어떤 곳일까? 대부분의 경우 주거 공간은 작은 시골집이나 아파트처럼 구성되어 있다. 다양한 크기의 침실 한두 개와 욕실, 거실, 작은 부엌이 있다. 이런 구조는 혼자서도 얼마든지 생활이 가능한 사람을 위한 것이다.

노인 주거단지에는 거동이 불편한 사람들을 위해 '원호 생활(Assisted living)' 시설도 따로 마련되어 있다. 이곳은 고령자나 장애인이 주위사람들의 도움을 받지 않고도 일상생활을 유지할 수 있도록 설계된 시설로, 주로 치매를 앓는 노인들이 수용되기 때문에 함부로 밖에 나가지 못하도록 입구가 항상 잠겨 있다.

의료 서비스가 필요한 환자들을 위해 간호사가 상주하는 병동이 따로 갖춘 곳도 있는데, 이렇게 모든 시설을 있는 노인 주거단지는 입주민이 죽을 때까지 살아갈 수 있다. 하지만 이런 시스템이 구비되지 않은 곳에서는 몸이 쇠약해지면 입주민 스스로가 떠나든가 관리자에 의해 다른 곳으로 이송되어야 한다. 나는 후자의 주거시설에서 살았던 어느 부부를 알고 있다.

그들은 남편이 아프기 전까지 그곳에서 함께 생활했었는데, 남편이 병이 나자 다른 도시의 요양원으로 옮겨졌다. 남편은 그곳에서 혼자 죽었고, 아내는 남편이 죽은 지 이틀쯤 지나고서야 남편의 사망을 알았다고 한다.

입주민이 사망할 때까지 살 수 있는 시설은 연계 노후 요양시설(Continuing Care Retirement Communities)이라 부른다. 이곳은 입주민이 아프면 다른 곳으로 이송하는 곳보다는 아무래도 비싸다. 그래도 그만큼 관리를 잘해주는 시설에서 지낼 여유만 된다면 살아볼 가치는 충분하다. 당신이 앞으로 누군가의 도움이 더 필요할 때가 되면, 그때는 이미 스스로 다른 곳으로 이동할 수 없는 상태일 테니 말이다.

즉 주거단지 직원이 당신을 대신 이송시켜야 한다는 말인데, 그렇게 되면 당신은 스스로 가고 싶은 곳을 선택할 수 없을지도 모른다. 내가 알고 있는 사람들에게 실제로 이런 일이 일어났었다. 그 부부의 경우, 남편은 뉴햄프셔주에서 죽고 아내는 매사추세츠주에서 죽었다. 둘 다 운전을 할 수 없었기에 죽기 전까지 몇 번 만나지도 못했다고 한다.

이 책을 쓰기 위해 조사를 하면서, 나는 내가 사는 곳 근방에 있는 여러 노인 주거시설에 직접 방문해보았다. 일반적인 주거 공간은 들어가서 볼 수 있었지만, 원호 생활 시설이나 특별 요양 병동은 지극히 사적인 공간이라 원하는 만큼 충분히 살펴볼 수는 없었다.

하지만 노인 요양시설에서 일하는 내 친구 두 명이 자세하게 설명해주었고, 그 친구 덕분에 그곳에서 환자로 있는 사람들을 만나보기도 했다. 젊어서 간호사로 일했던 내 친구들은 그런 노인 주거시설이 좋은 환경을 갖추고 있기에 일반적으로 큰 사고 없이 잘 흘러간다고 했다. 물론 그럼에도 간혹 실수나 문제점이 생기긴 한다고 했지만.

나는 어느 요양병원에서 치매에 걸린 여자 환자가 휠체어에 탄 남자 환자를 공격했다는 이야기를 들었다. 여자가 자신의 지팡이로 남자의 머리를 대여섯 번이나 세게 내리치고 나서야 간병인이 달려와서 겨우 떼어놓았다고 한다. 이 여자 환자는 즉시 감금 병동으로 보내졌다.

내가 방문했던 요양병원에서도 문제가 될 법한 점들이 보였다. 방마다 각각 두 개의 침대가 놓여 있었는데, 그것은 모두 룸메이트와 함께 생활해야 한다는 걸 뜻했다. 각 방마다 텔레비전이 있었는데, 만약 내 룸메이트가 텔레비전을 계속 보는 사람이라면 어떻게 하나 하는 생각이 들었다. 룸메이트는 스포츠를 좋아하는데, 나는 싫어한다면? 남자든 여자든 내 룸메이트가 청력이 나쁜데도 보청기가 없어 텔레비전 볼륨을 하늘 높은 줄 모르고 올린다면 어떻게 될까?

마침 내가 찾아갔던 그 친구가 그런 상황에 대해 설명해주었는데, 그는 다른 방으로 옮김으로써 그 문제를 간단히 해결했다고 했다. 물론 옮긴 방도 독방은 아니었다. 침대가 항상 두 개이기 때문이다. 하지만 아무도 그 방에 오지 않아 침대가 항상 비어 있었다고 했다. 친구는 요양병원에서 기력을 회복한 후 집으로 돌아갔고, 자신이 경험한 바로는 요양시설에서의 생활도 나름 괜찮았다고 말했다.

그러나 대부분의 문제는, 또는 내가 문제가 있다고 들은 바로는, 직원들의 부족이 가장 큰 문제였다. 나는 환자 30명에 간병인이 2명뿐인 요양원을 발견했다. 간병인 한 사람이 15명의 환자를 돌봐야 하는 것이다. 아마도 그게 일반적인 상황일지 모른다.

어느 날 아침, 한 남자가 욕실에 가기 위해 휠체어를 타야 해서 간병인을 불렀다. 하지만 그 시간에 간병인은 다른 환자가 샤워하는 걸 도와주고 있었다. 그런데 또 다른 환자가 옷을 입혀 달라고 벨을 눌렀다. 아주 오래 기다려야 했던 처음 환자는 혼자 힘으로 휠체어를 타려고 안간힘을 쓰다가 넘어졌고, 휠체어가 그를 덮치고 말았다. 환자는 부상을 입었고,

바지에 오줌을 쌌다.

노인에게 낙상은 가장 위험한 일 중에 하나인데 말이다. 더욱이 의료사고도 종종 발생한단다. 투약 시간이 잘못되었거나 실수로 다른 약을 투약하는 일, 심장병 환자에게 당뇨병 약을 주는 그런 일들 말이다.

하지만 지금 열거하는 리스트 중에서도 가장 심각한 문제는, 정신적으로 기력이 다한 노인들이 도둑들의 최고 표적이 된다는 점이다. 자신이 진주목걸이를 가지고 있었는지 기억하지 못하고, 또 그걸 잃어버린 것도 모르는 나이 든 여자야말로 아주 쉬운 도둑질의 대상이 아니겠는가. 그 여자가 물건을 잃어버렸다고 신고한다 해도, 사람들은 그녀가 물건을 다른 사람한테 준 걸 기억하지 못하는 거라고 생각할 것이다.

이런 유사한 사건이 나의 어머니에게도 일어난 적이 있다. 나와 함께 살기 전 어머니 혼자 케임브리지에서 사실 때의 일이다. 어느 요양시설의 간병인이 어머니를 도와주기 위해 매일 집으로 왔는데, 나중에 안 사실이지만 그 여자는 어머니를 계속 다그쳐 은행의 개인금고에 가도록 했다고 한다.

어머니는 그때 심각한 정신 혼란 상태였기 때문에 이를 목격한 은행에서는 한참을 주저하고 있었는데, 간병인이 어머니에게 은행직원들을 안심시키라고 재촉했단다. 어머니는 그렇게 했고, 결국 간병인은 어머니와 함께 밀폐된 방으로 들어가 어머니의 개인금고를 열어 금목걸이와 은쟁반, 마그네트론 반지를 포함한 다른 귀중한 물건들을 모조리 가지고 달아났다.

마그네트론(Magnetron) 반지는 아버지가 만든 것이었다. 마그네트론은 레이더에 사용되는 것으로, 아버지가 다니던 회사에서 제작한 마그네트론은 제2차 세계대전 당시 레이더의 부품으로 사용되었다. 그러니 그 반지는 이 세상에서 다시는 찾을 수 없는 유일한 반지였다.

몇 년이 지난 후 나의 친구가 그 반지를 발견했다. 그 친구의 여동생 바로 옆집에 그 간병인이 살고 있었던 것이다. 친구가 여동생을 만나러 갔다가 간병인을 우연히 만났고, 그녀의 손가락에 끼워져 있던 반지를 바로 알아보았다.

간병인은 어머니의 진주목걸이와 은쟁반을 벌써 팔아버린 게 분명했다. 간병인은 어머니가 자신에게 선물한 것이라고 말했다. 나는 아무 조치도 취할 수 없었다. 어머니도 오래전에 돌아가셨고, 간병인의 도둑질에 대해 알게 된 것도 이미 시간이 한참 지난 뒤였기 때문이다.

지금까지 요양시설의 문제점을 짧게 이야기해보았는데, 우리 집을 포함해서 어느 곳이든 이런 문제가 없는 데는 없다. 그래서 나는 계속해서 노인 주거시설의 한 종류인 실버타운들을 찾아가 보았고, 다섯 군데 정도를 방문하고 나서야 많은 것들을 알게 되었다. 만약 내가 그런 곳에 살아야 한다면 무엇부터 살펴봐야 할지 확실히 알게 되었다는 얘기다.

우선, 가격을 협상해야 한다. 그런 주거시설의 가격은 대개 비싼 편이라 나는 비용을 따져보기 위해 먼저 집에서 드는 생활비를 살펴보기로 했다. 일단 나는 엄청난 재산세를 낸다. 내가 사는 뉴햄프셔주는 모든 재정을 재산세로 다 충당하는 모양이다. 또 겨울 난방비로도 어마어마한 돈이 지출되고 있었다. 나는 2층집을 소유하고 있는데, 1935년에 지어질 당시 어른 6명과 아이들 2명이 함께 살기 위해 지은 집이었다. 나중에 어머니를 위해 벽난로가 있는 아파트 한 채를 더 장만하기는 했지만, 두 집 모두 겨울에 난방을 하지 않으면 파이프가 꽁꽁 얼기 일쑤였다.

그래서 양쪽 집 벽난로 두 개를 겨울 내내 가동해야 하고 따라서 엄청난 연료비가 든다. 전기세, 전화세, 인터넷 사용료로도 만만찮은 금액이 들어간다. 물은 내 개인 우물에서 끌어다 쓰기에 비용은 들지 않지만, 대신 정화조를 청소하고 필터를 교체하는 비용이 든다. 또 나는 친지에게 비용을 지불하고 우리 집 마당의 잡초를 제거해달라고 부탁한다. 아들이 멀리 있을 때는 사람을 시켜 비용을 지불하고 잡초를 제거할 수밖에 없다. 마당이 넓고 제초기가 너무 무거워서 나 혼자는 제초 작업을 할 수 없기 때문이다.

겨울에는 차고 앞의 진입로에 모래 뿌리는 일에도 돈을 지출해야 한다. 물론 눈을 넉가래로 치우는 일은 아들이 맡아서 해준다. 최근에는 차고 지붕을 고치는 데도 돈이 들어갔다. 이제는 지붕 전체를 고쳐야 하는데, 가만히 놔두면 비용이 점점 더 비싸질 것을 알면서도 지붕 수리를 미루고 있다. 비가 오면 지붕이 새기 때문에 이제는 어떻게든 수리비용을 마련해야 할 판이다.

짧게 말하자면, 집에서 생활하는 비용도 계속 늘어난다. 그래서 집을 고치고 유지하는 데 들어가는 비용과 노인 주거시설에서 생활하는 비용을 비교해보면 주거시설 쪽이 훨씬 합리적이지 않을까라는 생각이 든다.

어떤 실버타운에서는 신청비를 받는다. 신청비가 2,250달러나 되는 곳도 있다. 그나마 정식 입주 허가를 받으려면 몇 년을 기다려야 하는 경우도 있고, 정식으로 입주하게 되면 일시불로 입주비를 내야 한다. 어떤 곳은 입주비가 38,400달러에서 47,800달러로, 어떤 주거 형태를 선택하느냐에 따라 비용은 천차만별이다. 또 다른 실버타운은 입주비가 309,000달러에서 365,000달러까지 했다. 나에게 그건 마치 '지금 살고 있는 집을 팔아 그 집값을 주시면 됩니다!'라는 말로 들린다. 그런데도 그 곳은 언제나 사람들로 꽉 차 있다.

가장 높은 입주비를 요구하는 곳은 역시 종신으로 살 수 있는 곳이다. 입주자의 재산이 거의 소진되어도, 이미 지불한 값비싼 입주비가 있어 비용 충당이 가능하다. 입주자가 들어온 지 얼마 되지 않아 사망하거나 이사를 가면 입주비의 얼마쯤은 상환을 받을 수도 있다.

주거시실에 들어가면 월세도 내야 한다. 어떤 시설에 사느냐에 따라 월세는 3,169달러에서 5,835달러로 다양하다. 6,485달러에서 9,612달러까지 되는 곳도 있다. 그런데 이것은 1인당 월세. 비용의 대부분이 주거시설에서 제공하는 다양한 서비스에 대한 것이기에 두 사람이면, 월세도 거의 2배를 내야 한다.

다시 말하지만 자기 집에서 살 때 들어가는 생활비를 기억하자. 비용이 이만큼 높지는 않겠지만, 그래도 비슷하게 들어갈 것이다. 삼시 세끼 모두 제공하는 곳도 있지만 대부분의 실버타운에서 최소 하루 한끼는 제공한다. 물론 다르게 선택할 수도 있다.

주택형이나 아파트형 모두 작은 부엌이 있어 스스로 식사를 만들어 먹을 수 있다. 다만 음식 재료는 입주자가 마트에서 직접 사야 한다. 이곳 뉴햄프셔주에서는 요양시설에 들어간 사람이라면 '할머니세'—노인을 폄하하는 듯한 이름을 보라—를 주정부에 내야 한다. 이는 주에서 노인 주거시설 내 요양병동에 대한 수준 높은 의료 검사를 실시하기 위한 세금이다.

이런 주거시설들은 입주자가 그런 비용을 지불할 능력이 있는지 확실히 해두기 위해 입주민이 신청하면, 우선 그들의 재정 상태를 철저히 확인한다. 그렇기에 입주를 원하는 사람은 모든 신상 정보를 제공해야 한다. 특히 값비싼 시설들은 성가실 정도로 이것저것 따져 묻는다.

당신의 돈이 바닥난다고 해도 당신을 데리고 있어야 하는 실버타운으로서는 그런 일이 언제 생길지 예측해야 하기 때문이다. 만약 불과 2~3년 후에 당신의 재정이 바닥난다고 밝혀지면 아마 그들은 당신을 받아들이지 않으려 할 것이다.

많은 사람들은 이렇게 비싼 주거시설에 들어갈 여력이 없다. 저소득층 노인이라면 일부 아파트에서 제공하는 저렴한 주거 서비스를 이용하면 된다. 일반 아파트를 시민에게 제공하는 서비스로, 미연방 정부에서 월세 일부를 지원한다.

나이에 상관없이 누구나 이용할 수 있지만, 소득이 그 지역 평균 소득의 30퍼센트 이하여야 지원할 수 있다. 이는 많은 노인들이 충분히 부합할 수 있는 자격 조건이다. 그러나 내가 아는 아파트들은 모두 깨끗하고 상태도 좋았지만 반려동물을 허락하는 곳은 찾기 어려웠고, 혹시 허락한다 해도 반려동물을 위한 시설이나 서비스를 제공하는 곳은 없었다.

만약 의료적 관리가 필요하다면 메디케어나 메디케이드

(Medicaid, 미국의 저소득층 의료 보장 제도-옮긴이)가 간호비용을 지불해준다. 당신이 기거하는 아파트나 주택으로 간호사를 보내주는 회사를 이용하고 그 비용을 청구하면 된다. 메디케어는 100일간 전문적인 간호를 받을 수 있는 비용을 지원을 해주지만 그 이후는 개인이 부담해야 한다.

당신의 건강 상태가 나빠지거나 또는 만성적 질환을 가지고 있다면 요양원으로 보내질 것이다. 그곳에서는 돈이 없어도 무료로 머물 수가 있지만, 대신 요양원이 당신에게 지급되는 사회보장연금을 가져갈 것이다. 그래도 이런 방식의 아파트 주거 서비스를 신청하는 노인들이 많아서 요즘에는 최장 9년까지 기다려야 한다.

처음 실버타운에 갔을 때 나는 일반적인 조사를 위해 방문했기 때문에 약간의 직업적인 관심밖에 없었다. 관리인들이 내부를 구경시켜줘 이것저것 살펴보았고, 투어가 끝났을 때는 간단히 기록을 해두는 게 전부였다.

입주민들이 심심하지 않도록 이것저것 신경을 써주는 부분은 정말 좋았다. 어디든 노인 강좌, 영화 상영, 그 밖에도 다양한 문화행사 프로그램이 마련되어 있었다. 체육관, 도서관, 와인 바도 있었다. 식당에서는 원하는 자리에 혼자든 친구들과 함께든 앉을 수 있고, 식사도 훌륭하다고 들었다. 어떤 실버타운에 갔을 때에는 가이드가 나에게 취미실을 구경시켜준 적이 있다. 그녀는 할머니들이 함께 모여 자수를 한다며, 화려한 자수천을 씌운 테이블을 보여주었다.

나는 그때 이렇게 생각했었다. '누가 자수를 하고 싶다고 했나? 나는 그런 시간에 그냥 머리에 붙은 먼지나 털고 있겠네…….' 그러다 문득 나는 모든 걸 이해하게 되었다. 우리 집 2층에서 내가 혼자 침대에 앉아 멍하니 바닥만 보고 있는 모습을 상상했다. 분명 자수 놓기가 아니면 특별히 할 게 아무것도 없다는 걸 깨달았다. 맞다, 나는 다른 할머니들과 함께 모여 자수 놓는 법을 배워야 할 것이다.

우리는 웃고 떠들면서 좋은 시간을 보낼 테고, 함께하며 행복감을 느낄 것이다. 수를 놓는 동안은 우리 집 라디에이터가 일산화탄소를 얼마나 배출할지, 지하실에 있는 쥐가 전기선을 물어뜯어 화재를 일으키진 않을지, 다음번 눈보라가 오면 얼마나 눈을 쓸어야 할지 등 집 걱정도 하지 않게 될 것이다.

게다가 그 실버타운에서 반려동물을 받아준다는 말에 하마터면 나는 그 자리에서 사인을 할 뻔했다. 하지만 딱 하나 문제가 있었다. 실내는 물론이고 건물 주변에서도 금연이었다. 어떤 곳은 실버타운 단지 내에서 담배를 전혀 피울 수 없는 곳도 있었다. 그 말은 차가운 겨울밤에 담배 한 개비를 피우기 위해 거의 500미터를 걸어 나가야 한다는 뜻이었다. 그것은 나를 실망시키기에 충분한 조건이었다. 물론 담배를 피우지 않는 아들이나 딸과 함께 살아도 집안 어디에서든 담배를 피울 수 없지만 말이다.

어쨌거나 내가 이렇게 여러 실버타운에 관심을 가지고 조사를 한 가장 중요한 이유는, 혼자 살고 있는 내가 사랑하는 지인들이 그런 곳이 있다는 걸 알았으면 하는 마음에서다. 현재 실버타운에서 살고 있는 친구들은 모두 행복하게 잘 지내고 있다. 그래서 그런 곳에 살아도 괜찮겠다는 걸 나도 알게 되었다. 다른 모든 책임에서 해방되어 보살핌도 받고, 친구도 사귀면서 말이다.

그래서 만약 이 책을 읽는 독자들 중에서 그런 시설을 찾고 있는 분들이 있다면, 내가 드리고 싶은 조언은 이런 것이다. 우선 살고 싶은 지역을 정하고, 그곳에 있는 노인 주거시설을 방문해보라. 그곳에 입주하기 위한 건강이나 재정 관련 조건이 따로 있는지 알아봐야 한다. 실버타운을 소개하는 시설 관계자는 입주민들이 모두 행복하게 살고 있으며, 노년도 충분히 즐거울 수 있다고 말할 것이다. 물론 대부분 맞는 말이긴 하지만 홍보성 멘트가 약간 섞여 있음을 알아야 한다.

그러니 실버타운 소개 책자를 요청하라. 책자는 거의 모든 곳이 구비하고 있다. 그런 책자에 치명적인 문제점이 나와 있지는 않겠지만 어떤 조건들, 가령 거주비처럼 관리자가 특별히 언급하지 않은 내용들을 그동안 보고 들은 것을 바탕으로 짐작할 수 있다. 그리고 어느 정도 정리가 되었다면, 실제 주거시설 몇 곳을 더 살펴보면 된다. 나 역시 방문했던 모든 노인 주거시설에서 그렇게 했다.

당신이 돈을 지불한 기간만큼 살지 못하고 일찍 사망했을 때, 나머지 돈이 환불되는지도 확인해야 한다. 만약 환불이 된다면 어떤 상황에서 가능한지도 알아봐야 한다. 원호 생활 시설에 살고 싶다면 환자 대 간호사 비율이 어떻게 되는지도 꼭 확인해야 한다.

실버타운에서 제공하는 노인 강좌, 영화 상영 및 다른 이벤트들이 재미있는지도 알아보면 좋다. 주거시설 내부에서 개나 고양이, 또는 둘 다 키울 수 있는지 여부도 알아둬야 한다. 일부 실버타운에서는 반려동물을 받아주지 않는다. 일단 입주할 때는 반려동물들을 허용하는데, 그 아이들이 죽으면 새로운 아이들은 허용하지 않는 곳도 있다.

예전에 크루즈 선박을 타고 여행을 갔다 온 친구가 있었는데, 그녀는 실버타운에 사는 일이 크루즈 선박을 타는 일과 같다고 했다. 재미있는 일도 많고, 식사도 훌륭하고, 매일 흥미진진한 일들이 기다리고 있었다고 말이다. 매일 서로 다른 온갖 종류의 이벤트가 열린다며, 실버타운에 사는 게 너무 즐겁다고 했다.

다른 친구는 실버타운에 사는 것이 대학교에 다니는 것과 비슷하다고 했다. 나는 크루즈 여행을 해본 적이 없기에 그 친구의 말이 가장 와 닿았다. 실버타운에 사는 경험은 입주자 모두에게 새로운 경험이고, 모든 사람들이 비슷한 연령대이며 모두 비슷한 환경에서 살게 되기 때문이다.

모두가 친구를 새로 사귀어야 하는 점도 비슷하다. 각자 일생에 걸쳐 다양한 경험을 한 사람들이니 서로에게 특별한 친구가 될 게 분명하다. 사실 실버타운은 대학교보다 훨씬 더 낫다. 그냥 생활을 즐기기 위해 모인 것이지, 무언가를 억지로 배우거나 시험을 치기 위해 모인 게 아니니 말이다.

그래서 만약 당신이 노인 주거시설에 구미가 당긴다면, 정말 필요하게 되기 전에 미리 조사를 해두라고 말하고 싶다. 내가 앞서 말한 문제들에 대해서는 전혀 걱정하지 말기를. 그런 문제들은 언제 어디서나 일어날 수 있다. 실버타운에 들어가면 좋겠다고 생각만 하면서 80대 후반이 될 때까지 기다리지 말고, 조금이라도 더 젊을 때 미리 살펴보는 게 좋다. 당장 들어가 살 필요가 없더라도 미리 알아두면 도움이 된다.

입주 대기 기간도 확인해야 한다. 어떤 곳에서는 미리 입주 신청을 해놓으면 당신이 선택한 시설이 나왔을 때 알려주기도 한다. 그럼 바로 입주하거나, 또는 더 기다려도 된다. 그래도 당신은 여전히 대기자 1번이다. 어쨌든 이런 내용들을 먼저 염두해두도록 하자.

살던 집을 어떻게 해야 할지는 너무 걱정하지 않아도 된다. 당신을 도와줄 전문가가 있는 실버타운도 있다. 그런 전문가는 당신이 입주할 때 들고 와야 할 것과 처분해야 할 것을 알려주고, 당신이 원한다면 집을 매매하는 것까지 도와줄 것이다. 나를 믿어라. 나 역시 그런 문제를 안고 있지 않은가. 다른 사람의 도움을 받는 것이 혼자 처리하는 것보다 몇 백배는 훨씬 수월하다.

나는 어느 날 새벽 2시, 불현듯 실버타운의 중요성을 절실하게 깨달은 적이 있다. 왼쪽 가슴이 너무 아파서 잠에서 깬 날이었다. 손목에 손가락을 대고 맥박을 재어봤더니 아무것도 느껴지지 않았다. 그러다 갑자기 맥박이 빠르지만 약하게 뛰는 게 느껴졌다. 그런데 그 다음엔 또 아무것도 느껴지지 않았다. 그 사이 통증은 점점 더 심해졌다.

'이건 좋지 않은데…….' 그렇게 중얼거리며 무엇을 어떻게 해야 할지 생각해보았다. 바로 건너편에 사는 아들에게 전화를 하면 좋을 텐데, 때마침 아들네는 멀리 여행 중이었다. 그래서 그때는 내 개 두 마리와 아들네 개 한 마리, 내 고양이 세 마리와 당뇨가 있는 아들네 고양이 한 마리를 나 혼자 보살피는 중이었다.

고양이들에겐 각자 모래 변기가 있지만, 개들에게는 없었다. 개들은 몇 시간 후면 밖에 나가 오줌을 눠야 하고, 아침밥도 먹어야 한다. 고양이도 마찬가지였다. 당뇨가 있는 아이는 인슐린 주사도 맞아야 한다. 내가 혼자 차를 운전해서 응급실로 가거나 911에 전화해서 응급차에 실려 가면, 이 아이들은 누가 돌봐준단 말인가. 어쨌든 문이 잠겨 있어 구급대가 와도 안으로 들어오지 못할 게 분명했다.

나는 친구인 낸시에게 전화를 할까 생각도 했다. 그녀는 간호사다. 하지만 하루 종일 힘들게 일했을 테니 쉴 시간이 필요할 것이다. 게다가 최소 20분은 걸리는 거리였다. 한밤중에 낸시를 깨우고 싶지도 않았다. 이웃사람들은 친절하기는 해도 나와 친하게 지내는 사람이 없었다. 어쨌든 그들 역시 나와 좀 떨어진 거리에 살고 있었고, 나는 전화번호도 몰랐다.

아들네 식구는 멀리 떨어져 있고, 딸은 텍사스에 살고 있으니 모두 지금은 나를 도와줄 수 없다. 괜히 전화를 걸었다가 걱정만 하게 만들 뿐이었다. 어떻게 하지?

그때 나는 처음으로 실버타운에나 들어갈 걸 하는 후회가 들었다. 그럼 누구한테 전화를 해야 하는지, 누가 빨리 와서 나를 도와줄 수 있는지 알았을 것이다. 다른 사람들과 멀리 떨어져 혼자 사는 사람에겐 그런 옵션들이 없다는 걸 그때 새삼 깨달았다.

내 심장이 그때 멈추었다면, 아주 잠깐이 아니고 영원히 멈추었다면 어떻게 되었을까? 실버타운이었더라면, 나의 이런 상황이 금방 알려졌을 것이다. 반면에 집에서라면 내가 죽은 뒤 며칠은 지나야 사람들이 알게 될 것이다. 우리 개들은 집 안에 있으니 괜찮을지 모르지만 당뇨가 있는 고양이는 인슐린 주사를 못 맞았을 테고, 역시 모든 고양이와 개들이 물도 못 먹고 쫄쫄 굶었을 것이다.

지금은 보시다시피 그 문제가 해결되었다. 그래서 내가 바로 그 일에 대해 쓰고 있는 게 아니겠는가. 하지만 당시 일이 어떻게 해결되었는지 나는 잘 기억나지 않는다. 어떤 일이 일어났든 이제 모두 지나간 일이 되었다. 나에게 일어난 일은 누구에게나 일어날 수 있는 일이고, 그 끝이 해피엔딩은 아닐 수도 있다. 그러니 실버타운은 우리 같은 노인들에겐 충분히 고려해볼 가치가 충분하다는 게 나의 결론이다.

12장

존재의 불빛이

서서히 꺼져가고 있지만

노년의 결론은 죽음이다. 하지만 우리는 각자 죽음에 대해 서로 상충되는 시각을 가지고 있기에 죽음은 이야기해볼 가치가 충분한 문제인 것 같다. 영국의 시인 딜런 토마스(Dylan Thomas)가 쓴 유명한 시가 있다.

저 좋은 밤으로 순순히 들어가지 마세요,
늙은 나이는 하루가 끝날 때 불타오르고 노호(怒號)해야
하는 것.
꺼져가는 불 앞에서 분노하고 또 분노해야 하는 것.

이 시의 마지막 줄은 누군가 또는 무엇인가가 우리가 분노하는 소리에 겁을 먹고 후퇴할지 모른다는 뜻을 담고 있다. 이 시가 담고 있는 분노가 디노펠리스 같은 대형 포식자에게는 커다란 위협이 되지 않을지 몰라도, 하이에나나 죽음의 신

처럼 중간 크기의 포식자들에게는 위협이 되어 그들을 멀리 쫓아버릴지도 모른다.

이 명령은 또한 충고이기도 하다. 이 시가 딜런 토마스에게는 별 효과가 없었던 것 같지만 — 그는 젊은 나이에 이 시를 썼고 마흔이 막 되었을 무렵 사망했다 — 나는 이 시를 조용히, 아주 겸손한 방식으로 받아들인다. 그래서 나라는 존재의 불빛이 서서히 꺼져가고 있지만 나는 격노하지 않는다. 그 대신 나는 매년 가을에 독감 주사를 맞고, 비타민C를 챙겨 먹는다. 그리고 소금과 설탕을 너무 많이 먹지 않으려고 신경도 쓴다.

매년 건강검진도 열심히 받고, 운전할 때는 도로를 열심히 살피며 교통 상황에 집중한다. 과속도 하지 않는다. 내가 의식하지는 못해도 아마 내 마음 깊은 곳에서는 죽음의 신을 피하기 위해 열심히 노력하는 것 같다. 하지만 이건 무의식이 작동하고 있을 때의 이야기다. 내 안의 어딘가에 깊이 숨어 있는 본능이 깨어나 움직일 때 말이다. 의식적으로 나는, 죽음을 그리 두려워하지 않는다.

물론 항상 조심하기는 한다. 밤에 일하다가 피곤해질 때가 있다. 그럼 쓰고 있던 페이지나 문단, 장(章)을 마저 끝내려고 노력한다. 밤에 자다가 죽어버리면 내가 쓰던 글이 미완으로 남겨질 것이다. 그러면 나의 멋진 생각이 세상에서 사라지는 게 아닌가!

하지만 흔히 말하는 그런 죽음은 나를 무섭게 하지 않는다. 나는 지금까지 적어도 네 번이나 그런 죽음을 피해왔기 때문이다. 첫 번째는 벨기에 령(領) 콩고에서 일어난 비행기 사고에서였다. 내가 만약 예약을 변경하지 않고 그 비행기를 탔다면 승객들과 함께 나도 죽었을 것이다.

또 한 번은 칼라하리 사막에서였는데, 나와 어머니 모두 벼락을 맞고 도로 위에 쓰러졌다. 우리가 머물렀던 지역의 이름이 '번개의 땅'이라는 뜻인 줄은 그때까지 몰랐다. 우리는 왜 땅바닥에 나란히 누워 있는지 몰라 어리둥절하고 있었는데, 우리가 번개에 맞는 걸 본 사람이 자초지종을 설명해줘 알게 되었다.

세 번째로 죽음을 피한 건 나를 향해 달려오는 암사자를 피해 열심히 달린 덕분이었다. 에토샤국립공원에서 코끼리의 초저주파음에 대한 연구를 할 때였다. 나는 빠뜨리고 온 장비를 수거하기 위해 밴을 타고 나갔다가 장비 옆에 누워 있는 암사자와 마주쳤다. 그런 상황에서 산족이라면 어떻게 행동해야 할지 잘 알기 때문에 나는 차에서 내려 겸손한 자세로 암사자를 향해 걸어갔다. 그리고 '늙은 암사자님'이라고 정중하게 부르며 제발 떠나달라고 애원했다.

그 순간, 암사자가 나를 향해 달려오기 시작했다. 사자 앞에서는 절대로 뛰면 안 된다. 사자를 더욱 자극하기 때문이다. 하지만 그때는 다른 선택지가 없다고 생각했다. 나는 평생에 걸쳐 가장 빠른 속도로 달려 밴 안으로 몸을 날렸다. 문을 세차게 닫고 보니 암사자는 불과 3미터도 안 될 정도로 바싹 따라온 상태였다.

암사자는 속도를 늦추더니 관심 없다는 듯이 대각선 방향으로 뒤도 안 돌아보고 느릿느릿 움직이기 시작했다. 겁을 주면 내가 떠난다는 걸 알았을까? 하지만 내가 만약 꼼짝 않고 서 있었다면 나를 죽일 수도 있었다. 사자들은 사나흘에 한 번씩만 사냥을 하기 때문에 평소에는 사냥을 생각하지 않는다. 그러나 그때 사자가 나를 죽이지 않았을 거라고 믿기는 어렵다.

이런 경험들로부터 내가 얻은 한 가지 교훈은, 사자에게 물려 죽을 뻔한 일은 참 흥미롭다는 것이었다. 나는 단 몇 초 사이에 어마어마하게 많은 것들을 생각했다. 암사자가 영양을 물어 죽일 때처럼 내 목을 물어 죽일까? 나를 발톱으로 할퀴어 죽일까? 암사자는 지금 화난 것인가, 아니면 배가 너무 고픈 것인가? 그때 내가 죽었다면, 내가 알아낸 것들을 이렇게 글로 쓸 수도 없었을 것이다.

죽음을 피한 마지막 경험은, 아들이 픽업트럭으로 진입로에 쌓인 눈을 치우는 과정에서 일어났다. 아들은 픽업트럭을 앞으로 움직이며 제설 쟁기를 위로 들어 올렸다가 뒤로 후진하여 제설 쟁기를 내리고, 다시 앞으로 나가는 식으로 눈을 치웠다. 아들이 왼쪽 사이드미러를 보며 후진하는 찰나, 마침 나는 서재에서 걸어 나오고 있었다. 나는 내 바로 앞으로 픽업트럭의 오른쪽 후미가 다가오는 걸 보았다. 왼쪽 사이드미러로는 보이지 않는 곳이었다. 픽! 트럭에 부딪혀 내가 넘어지고 말았다.

그다음 일어난 일들은 마치 영원처럼 느껴졌다. 트럭이 천천히 다가오기 시작했다. 나를 쳐서 바닥으로 쓰러뜨린 트럭의 오른쪽 모서리에서 오른쪽 뒷바퀴까지의 간격은 불과 60센티미터 정도였다.

나는 바닥의 왼쪽으로 넘어져 있었다. 아들이 자기 차로 엄마를 치어 죽인 걸 알면 얼마나 끔찍해할까 생각하니 공포가 엄습해왔다. 내가 오른쪽으로 구르면 차 바깥쪽으로 빠질 수 있을까, 아니면 왼쪽으로 굴러서 바퀴 사이로 들어가 차를 내 위로 지나가게 할까? 이런 생각들을 하면서 여러 가지 옵션을 떠올린 기억이 아직도 생생하다.

하지만 이 모든 것은 실제로 100만 분의 1초 사이에 이루어졌다. 나는 오른쪽으로 굴렀고, 뒤로 후진하는 차의 오른쪽 뒷바퀴에 내 코트 소매가 밟힐 정도로 아슬아슬하게 차를 피했다. 나는 오른쪽으로 계속 굴러갔는데, 그건 잘한 일이었다. 차가 다시 방향을 돌려 왼쪽으로 후진하는 바람에 오른쪽

앞바퀴에도 치일 뻔했기 때문이다.

그 경험은 너무나 놀라웠다. 그 많은 생각을 어떻게 1초도 안 되는 시간에 할 수 있단 말인가. 그 많은 것들을 생각하지 않고 말로 내뱉었다면 아마 나는 바퀴에 깔려 으스러졌을 것이다. 나는 아들이 트럭을 앞으로 전진시키기 전에 얼른 일어났다. 아들은 지금도 그 사건에 대해 모른다. 나도 아들에게 말하지 않았다.

죽음을 피한 일련의 사건을 겪으며 한때 나는 현실의 모든 것들을 거의 받아들이지 못하는 상태에 이르렀다. 그리고 그런 생각들이 나로 하여금 담배를 피우게 만들었다. 앞서 담배 이야기를 꺼내긴 했지만 충분하지 않아 이제 다시 해볼까 한다. 만약 당신이 애연가인데 늙어서까지 살고 싶다면, 지금 해야 할 가장 중요한 일은 담배를 끊는 것이다. 금연이 가장 중요하다는 걸 보여주는 연구만도 수십만 개가 넘는다.

그런데도 나는 아직 금연이 어렵다. 몇 번 시도를 해보긴 했다. 바로 여기에 현실 부정의 해악이 있다. 담배 때문에 죽는다 해도 오늘은 아니겠지, 혹시 암에 걸려도 유명한 암 전문의인 내 친구 스티븐 라몬 박사가 치료를 해주겠지 하며 혼자 계속 되뇌기 때문이다. 라몬 박사는 환자를 진심으로 걱정하는 의사로, 내가 유방암에 걸렸을 때도 치료해주었다.

나를 포함한 모든 사람들이 라몬 박사를 좋아한다. 그래서 나는 다시 암에 걸린다 해도 크게 걱정하지 않는다. 아니, 크게 걱정하지 않을 거라고 혼자 생각한다. 유방암에 걸렸을 때 모든 게 순조롭게 진행되었기에 아마도 더 그렇게 생각하는 것 같다. 그때 나는 보스턴의 어느 병원으로 갔고, 거기서 유방 하나를 완전히 절제했다. 따라서 암도 완전히 사라졌다. 수술 다음날 바로 퇴원할 수도 있었지만, 수술 부위 감염 때문에 그러지는 못했다. 하루 더 병원에 입원해 있어야 했다.

나에게는 항암을 위한 화학 요법이나 방사선 치료도 필요 없었다. 암에서 해방된 것은 너무 멋진 일이었지만, 나는 그 경험에서 아무것도 깨닫지 못했다. 그래서인지 가끔 한밤중에 죽음의 신이 우리 집 창문 주위를 빙빙 돌고 있다는 걸 느낀다. 그는 이렇게 말한다.

"이봐, 엘리자베스, 넌 암에 걸렸다는 걸 벌써 잊었어? 라몬 박사가 당신이 담배를 끊었는지 항상 확인하는데, 아직 못 끊고 있다니!"

이 책을 쓰면서 나는 흡연이 바람직한 행동이 아니라는 걸 인정해야 한다는 생각이 들었다. 그래서 요즘은 담배를 끊어보고자 다시 고민하고 있다. 물론 아직 실천에 옮기지는 못했다. 그래도 계속 고려는 하고 있다.

죽음이 무서워서 담배를 끊는 건 아니다. 가장 주된 이유는 황반변성 때문이다. 담배는 시력 감퇴를 가속화시키지만 죽을 때가 되면 평화로움을 준다는 말이 있다. 그런 말에 기분이 썩 나쁘지는 않지만 황반변성 때문에 시력을 잃게 된다면 어쩌지? 이미 노쇠해지고 정신도 오락가락하는데 눈까지 나빠진다면 그건 완전히 다른 이야기가 된다.

여기서, 나는 다시 한 번 강조하고 싶은 얘기가 있다. 내 관점으로 이 책은 오래 사는 것에 대한 내용이 아니다. 나는 이미 담배로 몸을 많이 망쳤다. 아마 담배 때문에 죽을지도 모른다. 그래도 어쨌든 나는 이제 담배를 끊으려고 한다. 죽음이 무서워서가 아니라 시력을 보호하기 위해서.

그런데 내가 정말 시력 때문에 담배를 끊는 거라면, 나는 왜 생명 연장을 위한 상품에 대해 들을 때마다 혹하는 것일까? 예를 들어 바로 얼마 전, 정기 건강검진을 받으려고 병원에 갔다가 대기실 테이블에서 잡지를 발견했다. 잡지를 펼치는데 생명 연장 상품 광고가 눈에 들어왔다. 50대 후반쯤 되어 보이는 기골이 장대한 남자가 금발에 매끄러운 피부를 가진 여자와 마주보고 있는 광고였다. 둘은 손을 잡고 있었고, 여자는 하얀 이를 드러내며 남자를 향해 환하게 웃고 있었다. 그 제품이 오래 살도록 도와준다는 뜻이었다.

그 사람들의 젊어 보이는 외모를 생각하면—여든 살보다 어리면 나에게는 젊은 것이다—'더 오래'라는 말은 그들과 나에게 각각 의미하는 바가 다를지도 몰랐다. 그래서 나는 뭔가 더 알게 되리라는 희망으로, 광고를 계속 읽어 내려갔다.

그런데 다음 순간, 페이지 가장 아래에 쓰인 문구 하나를 발견했다. '경고문'이었다. 글자가 너무 작아서 내용을 읽는 건 고사하고 나이 든 사람은 발견 자체가 거의 불가능한 수준이었다. 하지만 그 제품을 만든 회사로서는 아주 영리한 조치였다. 광고에는 반드시 주의사항을 고지해야 하지만 늙은 사람들이 그 내용을 읽게 된다면, 그 제품의 최고 고객들이 지레 겁을 집어먹고 떨어져 나갈 수 있으니 말이다.

나는 잡지를 코앞에 바싹 갖다 댔다. 그 제품은 폐, 창자, 간, 뇌하수체, 부신, 췌장에 좋지 않았다. 또 피부와 신장, 심지어 뇌에 염증을 일으킬 가능성도 있었다. 청력 상실이나 실명, 또는 청각과 시력을 모두 잃을 수도 있었다. 그런 부작용에 대해서도 설마 치료법이 있겠지 하는 생각을 하다가 제일 마지막 줄을 보았다. '사망'이라고 적혀 있었다. 이런! 그 알약을 삼키는 게 총알이 몇 개나 장전된 6연발 권총을 머리에 조준하고 방아쇠를 당기는 것과 같다니!

경고문에서 언급한 부작용 중 하나만 생겨도 나는 아주 나쁜 상태가 될 것이다. 나는 의사에게 그 약의 처방을 부탁하려 했던 생각을 접고, 약 이름을 머리에서 지우고 잡지를 테이블에 위에 내려놓았다. 이것이 내가 죽음을 대하는 방식이 아닐까? 나는 죽음에 불같이 화를 내기보다 그냥 죽음을 부정하는 건 아닐까? 만약 내 본능이 승리했다면, 나는 어떤 위험이 따르든 그 약을 먹었을 것이다. 물에 빠지면 지푸라기라도 잡듯이 말이다.

한번은 담배를 끊기 위해 금연보조제를 먹은 적이 있다. 내 삶을 조금이라도 연장시켜 줄지 모르는 아주 비싼 약이었다. 부작용은 기껏해야 몽유병, 심각한 피부 발진, 현기증, 메스꺼움, 구토, 불안증세, 좌절감, 짜증, 분노, 자살 충동을 동반하는 우울증 정도였다. 자살 충동이야 자살 성공만큼 최악은 아니지만, 어쨌든 나는 힘이 쭉 빠졌다. 나도 모르게 담배에 불을 붙였다.

13장

내가
제일 두려워하는
마지막 모습은

일생 동안 우리는 주위사람들의 부고를 접한다. 친한 지인들의 부고 소식은 듣지 않기를 바라지만, 그런 일은 너무 자주 일어난다. 그렇게 죽음이 일어나고 마음에 큰 상처를 받아도, 우리의 삶은 언제나처럼 계속된다. 적어도 계속되는 것처럼 보인다. 무슨 일이 있어도 앞으로 뚜벅뚜벅 나아가는 능력은 우리 같은 노인들이 평생 갈고 닦은 기술이다. 그런 기술이 없었다면 우리가 삶을 잘 지탱해올 수 있었을까?

사랑하는 이의 죽음은 우리에게 큰 영향을 끼치지만, 지금까지 살아오는 동안 저마다 해야 할 일들이 깊이 각인되었기 때문에 우리는 그저 하던 일을 계속해나간다. 그것 이외에 우리가 또 무엇을 할 수 있겠나? 바닥에 드러누워 이불 킥을 하며 울부짖을 것인가? 아니다. 우리는 장례식 날짜를 기록해두고는 식기세척기를 열고 그릇을 꺼내 정리한다.

사랑하는 사람을 잃는 일은 아주 어릴 때도 일어난다. 내가 막 초등학교에 들어갔을 무렵, 외할머니가 돌아가셨다. 그때 외할머니는 겨우 60대였는데, 그만 암에 걸리고 말았다. 당시 외할머니는 우리 가족과 함께 살았는데, 캘리포니아주에 사는 여동생을 만나러 가셨다가 증세가 더 심각해졌다.

이모할머니가 외할머니를 병원에 데려가 보니 암이 이미 몸 전체로 전이된 상태라 수술로도 치료가 안 되는 상황이었다. 이모할머니가 어머니에게 전화를 했다. 당시 나는 옆방에 있었는데, 어머니가 수화기를 들고 누군가와 이야기하는 소리를 들었다. 그러고는 벽장을 열고 뭔가를 부스럭부스럭 찾더니 황급히 계단을 뛰어 내려가는 소리가 났다. 나는 계단 난간에서 여행 가방을 들고 문밖으로 달려 나가는 어머니를 보았다. 창밖을 보니 어머니는 택시를 타고 있었다. 그 후 어머니를 다시 본 건 몇 개월이 지나서였다.

케임브리지의 우리 집에는 핀란드 출신의 톰과 커스티 존슨 부부가 함께 살고 있었다. 부모님이 안 계실 때 나와 내 남동생을 대신 돌봐주며 집안일을 하는 분들이었다. 어린 우리는 캘리포니아주에 있는 어머니와 외할머니가 너무 보고 싶었다. 어머니와 외할머니가 왜 그곳에 계신 건지 전혀 알 수 없었다. 그래서 톰 아저씨에게 두 분의 안부를 묻고, 어서 돌아오라는 소망을 담은 편지를 써달라고 떼를 썼던 기억이 난다. 나는 그때 외할머니가 그렇게나 위독한 상황인지 전혀 몰랐다. 어머니가 그렇게 황급히 나가는 모습을 옆에서 보았으면서도 말이다.

나는 가슴이 사무치도록 외할머니가 보고 싶었지만, 그래도 삶은 유유히 흘러갔다. 학교에 가고, 재미있는 이야기를 읽고, 자그마한 공룡 모형을 만들고, 동생과 너구리 놀이도 하면서 말이다. 하지만 아이들도 부지불식간에 슬픔을 내면화한다. 30년쯤 지난 어느 날, 나는 잠결에 외할머니가 나를 부르는 소리를 들었다.

"엘리자베스야."

외할머니가 마치 방에 계시는 듯 목소리가 생생했다. 정말 할머니였을까? 그 소리는 내 안에서 나오는 것이었다. 그렇게 오랜 시간이 지났지만, 변함없는 목소리로.

만약 누군가 천국에 간 사람이 있다면, 그건 나의 친할머니일 것이다. 할머니는 내가 20대 초반일 때 돌아가셨다. 그때 할머니는 105세였다. 그날, 나는 뉴햄프셔주에 있는 우리 집으로 어머니와 함께 돌아간 상태였고, 할머니는 간병인과 함께 그대로 케임브리지의 집에 계셨다. 하지만 얼마 지나지 않아 할머니의 의식이 점점 약해진다는 간병인의 연락을 받고, 우리는 서둘러 차를 몰아 다시 케임브리지로 출발했다. 가던 도중 공중전화로 전화를 했는데, 할머니는 이미 돌아가셨다고 했다.

우리는 침묵 속에 할머니의 죽음을 받아들였다. 그런 일이 생길 줄 알고 있었고, 정말 일어났기에. 우리는 아무 말 없이 자동차에 올라 아까보다 천천히 차를 몰았다. 하지만 이내 이런 생각이 들었다. 우리가 할머니 없이 잘 지낼 수 있을까?

나는 지금도 여전히 할머니가 그립다. 할머니는 솜씨 좋은 재봉사로 나에게 바느질하는 법을 가르쳐주시곤 했다. 나는 아직도 할머니의 재봉틀을 그대로 가지고 있다. 페달이 달린 아주 오래된 모델이다. 나는 할머니 대신 바늘에 실을 많이 꿰어드렸다. 재봉틀 바늘은 물론이고 할머니가 우리 가족을 위해 직접 침대 덮개 같은 걸 만드실 때도 작은 바늘에 실을 꿰어드렸다.

이제 내가, 내 도움을 필요로 하던 할머니의 나이가 되었다. 그리고 할머니 덕분에 나는 아직도 바느질을 잘한다. 내가 바늘귀에 실을 꿰려고 할 때마다 할머니가 옆에 앉아 계시는 듯하다. 할머니는 평생 동안 예수를 구원자로 받아들여야 한다고 말씀하셨지만, 나는 그 말을 듣지 않았다. 내가 할머니 뜻을 따르지 못한 것이 신의 뜻임을 할머니가 받아들이면 좋겠다. 모든 것이 신의 뜻대로 되었다는 것도.

아버지는 1980년 11월에 돌아가셨다. 그때 아버지의 연세는 91세였고, 나는 49세였다. 아버지는 증상을 알 수 없는 뇌 기능 장애로 돌아가셨는데, 아마도 알츠하이머였을 것이다. 또는 진단이 나왔는데 아버지가 그 내용을 잊어버렸을 수도 있다.

어느 날, 나는 아버지와 단 둘이 집에 있게 되었다. 그날은 내가 아버지를 보살피기로 되어 있었는데, 내가 다른 일을 하느라 정신없는 사이 아버지가 혼자 샤워를 하러 갔다. 그러다 나는 아버지가 욕조의 둥그런 테두리를 따라 걷고 있는 장면을 보게 되었다. 욕조는 물에 젖은 바닥 타일에서 60센티미터 정도 높이였다.

아버지는 욕조 위에서 살짝 균형을 잡느라 양팔을 옆으로 벌린 채 웃고 있었다. 만약 아버지의 몸이 기운다면 주위에 잡을 게 아무것도 없었다. 나는 아버지가 떨어질까 봐 겁이 났다. 내가 마구잡이로 다가갔다가 아버지가 균형을 잃을 것 같아 함부로 가까이 다가갈 수도 없었다. 내가 할 수 있는 건, 아버지가 욕조에서 미끄러질 때 잘 잡기 위해 자세를 잡는 것뿐이었다. 하지만 아버지는 미끄러운 욕조 가장자리를 한 바퀴 다 돈 뒤에 역시나 미끄러운 바닥에 사뿐히 안전하게 내려오셨다.

내가 이 사건을 이야기하는 이유는, 우리 가족에게서 무너져버린 것에 대해 말하기 위해서다. 아버지는 찢어지게 가난한 집에서 자랐지만 터프츠대학교에 장학생으로 입학했고, 토목공학과 박사학위를 취득했다. 그리고 군대에 입대하여 포병 중위로 제1차 세계대전에 참전하여 프랑스에서 싸웠다. 전쟁이 끝난 후에는 뉴욕과 보스턴의 지하철 건설에 참여하여 지하 터널을 설계하고, 직접 짓기도 하셨다.

그 후에는 레이시온(Raytheon)이라는, 이제는 세계적으로 유명해진 군수회사를 창립하여 제2차 세계대전에 사용된 레이더를 생산했다. 레이시온의 CEO로 은퇴하신 아버지는 우리 가족을 지금은 나미비아로 알려진 칼라하리 사막으로 데려갔다. 그곳에서 우리는 지도에도 나와 있지 않은 광대하고도 메마른 사바나 사막에서 문명과의 접촉 없이 살고 있는 산족에 대해 오랫동안 연구를 했다.

일이 잘못된다면 아무도 우리를 도와줄 수 없고, 우리를 찾을 수도 없는 상황이었다. 하지만 아버지의 선견지명과 치밀한 계획 덕분에 거기 있는 동안 아무 일도 일어나지 않았다. 산족은 자기들의 우물을 우리에게 내주었고, 이에 아버지는 멋진 소총 솜씨로 보답했다. 멀리 영양이 나타나면 조준을 하고 방아쇠를 당기기만 하면 영양이 쓰러졌기 때문에 산족에게는 엄청난 선물이 되었다.

보통 우리는 깡통 음식을 먹었지만 그것마저 바닥이 날 때가 있었다. 그러나 아버지의 총알이 남아 있는 한 우리는 언제든 고기를 먹을 수 있었다. 내가 자연 세계에 푹 빠지게 된 건 전적으로 아버지 때문이었다. 남동생과 내가 어렸을 때, 아버지는 산책을 겸해서 우리를 숲으로 데려가곤 했다.

아버지가 우리를 위해 지은 시골집 근처에도 숲이 있었다. 그곳에서 우리는 동물의 발자국에 대해 배웠을 뿐만 아니라 나무 이름도 배웠고, 비가 올 때 성냥 한 개비로 불을 피우는 방법도 익혔다. 길을 잃으면 어떻게 해야 하는지, 남쪽 방향을 어떻게 찾는지도 배웠다. 지금의 내가 존재하는 건 모두 아버지 덕분이었다.

그렇기에 아버지가 돌아가셨을 때 우리는 리더를 잃은 것이나 마찬가지였다. 가장 똑똑하고, 가장 강하고, 우리가 아는 한 모든 면에서 뛰어난 분을 잃은 것이다. 아버지는 병원에서 어머니와 나, 내 딸이 지켜보는 가운데 임종하셨다. 우리는 아버지의 손을 꼭 잡고 이마를 쓰다듬으며, 우리가 당신을 얼마나 사랑하는지 말씀드렸다.

어른이 되고 나서는 소리 내어 울어본 적이 없기 때문에, 그때도 나는 소리 내어 울지 않았다. 하지만 그것이 잘한 일인지는 잘 모르겠다. 슬픔의 눈물은 그냥 흘리는 눈물과는 다르다고 들었다. 슬픔의 눈물에는 독이 담겨 있다고 한다. 뇌에서 눈물로 그 독을 없애버리는 것이다. 나는 머리에 독이 가득 차 있었던 게 틀림없다. 슬픔의 다섯 단계 중에서 나는 언제나 같은 단계, '분노'에만 머물러 있었으니 말이다.

너무나 멋졌던 아버지는 대통령 선거날 밤에 돌아가셨다. 근처 텔레비전에서 로널드 레이건의 승리가 울려 퍼지던 순간이었다. '아버지가 이런 사실을 모르실 테니, 다행이네'라고 나는 생각했다. 잠시 후 젊은 의사가 레이건의 대통령 당선이 기쁜지 두 손을 번쩍 치켜들고 병실로 깡충깡충 뛰어들어왔다. 그러고는 잠시 후 아버지의 죽음을 '선고'했다.

어머니는 2002년, 생일 두 달 전에 돌아가셨다. 나는 71세, 어머니는 104세가 되던 해였다. 그때 나는 어머니와 같이 살았기 때문에 임종을 지킬 수 있었다. 새벽 동이 트기 바로 직전이었다. 하늘이 푸르스름하게 바뀌고, 숲속 멀리서 코요테가 울고 있었다. 어머니의 의식이 희미해져 갔다. 어머니는 길게 한숨을 쉬시더니, 한참 만에 다시 작은 숨을 한 번 더 쉬고, 그리고 돌아가셨다.

어머니는 평생 겸손했고, 우아한 모습을 잃지 않는 분이었다. 또 항상 부지런했다. 어머니는 70대 초반까지도 당신이 50대 때 연구했던 산족에 관한 몇 권의 학술서적을 썼다. 어머니는 1976년에 78세의 나이에 산족에 관한 첫 번째 책을 냈는데, 하버드대학교 출판부에서 《냐냐의 쿵족(The !Kung of Nyae Nyae)》이란 제목으로 출간되었다.

1999년이던 101세 때에는 두 번째 책《냐냐, 쿵족의 믿음과 의식(Nyae Nyae, !Kung Beliefs and Rites)》이 나왔다. 이번에도 피바디 박물관 출판부와 함께 작업하여 역시 하버드대학교 출판부를 통해 출간되었다. 어머니는 나와 함께 출판기념회에 참석하여 즐거운 시간을 보냈다. 환하게 웃던 어머니의 모습이 아직도 눈에 선하다. 하지만 그때 이미 어머니는 기억력이 많이 떨어진 상태였고, 약간의 정신착란을 겪고 있었다.

나는 작가가 자기 작품의 판권을 소유해야 한다고 생각한다. 어머니의 경우에는 첫 번째 책의 판권은 당신이 관리했지만, 두 번째 책의 판권은 하버드대학교에서 관리했다. 나는 나중에야 그 사실을 알게 되었다. 그때는 이미 어머니의 정신착란이 시작되었을 때라 어머니는 아마 이 사실을 몰랐을 것이고, 나 역시 까맣게 모르고 있었다. 하버드대학교의 총장이나 저명하신 교수들은 어머니의 책과 아무 관련이 없다. 그런데 왜 그들이 판권을 관리한단 말인가? 어머니가 늙고 정신이 오락가락해서 판권을 가져간 것인가?

어머니가 판권을 관리할 수 있게 내가 확실히 관여했어야 했다. 내가 아는 한 어머니는 인세도 받지 못했다. 인세가 발생하지 않았을 수도 있지만, 하버드대학교 출판부 편집자들이 그 돈을 저녁 회식비로 썼을 수도 있지 않겠는가. 출판기

넘회 이후 오래지 않아 어머니를 만나러 친구 한 분이 찾아오셨다. 어머니가 친절하게 물었다.

"그래, 이번 여름에 무슨 계획이 있어요?"

그 분은 예전에 맥킨리 산으로 불렸던 지금의 데날리 산(Mount Denali, 미국 알래스카에 위치한 북미에서 가장 높은 산―옮긴이)에 올라갈 계획이라며, 크레바스(Crevasse, 빙하 표면의 쪼개진 틈―옮긴이)나 눈사태처럼 꼭 피해야 하는 여러 가지 것들을 기꺼이 설명해주었다. 어머니는 몇 분 동안 친구의 얼굴을 보며 조용히 미소를 띤 채 열심히 이야기를 경청했다. 이윽고 이야기를 끝낸 친구 분이 어머니의 반응을 기대했다. 어머니는 정신이 오락가락했지만, 우아한 태도가 여전히 몸에 진하게 배어 있었다. 어머니가 질문했다.

"그래, 이번 여름에는 뭘 할 계획이에요?"

나는 치매에 대해서도 다시 말하고 싶다. 우리가 잃어버린 것에 대해 말하고 싶어서다. 어머니는 아버지처럼 외동이었고, 애리조나가 주(州)로 승격되기 전에 그곳에서 태어났다. 할아버지는 구리 광산의 감독으로 오랫동안 일했고, 나중에 캘리포니아주로 옮겨와 광산회사 관리부서에서 돌아가실 때까지 일했다.

할아버지가 사고로 돌아가셨을 때, 어머니의 나이는 불과 여덟 살이었다. 다른 친척들은 모두 노바스코샤(Nova Scotia,

캐나다 동부 대서양 연안에 있는 주 — 옮긴이)에 살고 있어 어머니와 어머니의 어머니만 홀로 남게 되었다.

어머니는 캘리포니아대학교 버클리캠퍼스에 입학하여 학위를 땄고, 발레 무용수로 공연에도 참여했다. 대학을 졸업한 뒤에 어머니는 할머니와 함께 세계를 여행했다. 그리고 귀국 후에는 매사추세츠주의 사우스 해들리라는 곳에 아파트를 얻고, 대학에서 영문학을 가르치며 생활해나갔다.

그 일자리는 사실 중국에서 찾은 것이었다. 어머니가 중국을 여행할 때 우연히 만난 그 대학의 교수 두 분이 어머니를 좋게 보고 해서 일자리를 알아봐준 것이었다. 어머니는 아버지와 결혼할 때까지 할머니와 함께 살았고, 그 뒤 케임브리지에 있는, 아버지가 세운 군수회사 근처로 세 사람이 함께 이사를 갔다.

케임브리지에 있으면서 어머니는 레드클리프대학교에서 영문학 석사학위를 받았다. 이 부분에서 어머니의 공부에 대한 재미있는 반전이 있다. 어머니는 영문학 석사를 가지고 대학교에서 영문학을 가르치기도 했지만, 어머니가 산족 연구에서 이룬 위대한 성과는 영문학과는 아무런 관련이 없었다.

심지어 40대 때에는 에드거 앨런 포의 《모르그 가문의 살인사건(The Murders in the Rue Morgue)》이나 아서 코난 도일의 《바스커빌 가문의 개(The Hound of the Baskervilles)》

같은 탐정소설이 아니면 재미로라도 책을 읽지 않았다고 한다. 그때 이미 어머니는 웬만한 고전 소설을 전부 읽었기 때문이었다.

어머니의 친구 중에 오딜 스위니라는 성공한 아프리카계 미국 여성이 있었다. 당시 YWCA 회장으로 일하던 그녀는 케임브리지의 아프리카계 미국인 거주 지역에서 살고 있었다. 그곳 커뮤니티 센터에서 그녀와 어머니는 여성들을 위한 비영리 작업장을 만들었다.

아버지가 세운 군수회사에서 만든 라디오용 진공관 중에서 결함이 있는 것들만 모아 지역 여성들이 텅스텐을 추출하는 일을 할 수 있게 했다. 여성들은 원하는 시간에 와서 원하는 시간만큼 일할 수 있었고, 아이들도 데리고 올 수 있었다. 아이들은 자원봉사자가 돌봐주었는데, 거의 내가 맡을 때가 많았다. 동화책과 장난감이 있는 방이 따로 있어 아이들과 나는 함께 게임도 하고, 그림도 그리곤 했다. 그 프로젝트는 꽤 성공적이었고, 수익은 전부 참여했던 여성들에게 돌아갔다.

그 후 어머니는 50대 때 가족과 함께 칼라하리 사막으로 갔다. 어머니는 인류학에 대해 아무런 교육도 받지 않았지만, 소위 문명 세계라는 바깥 세상에 전혀 오염되지 않은 순수한 수렵채집인을 처음 연구한 사람이 되면서, 인류학자로 변신했다. 어머니는 자신의 인생이 50대에 비로소 시작되었다고 늘 말하곤 했다.

산족에 대해 연구를 진행하면서 저술한 책과 논문 덕분에 어머니는 캐나다 토론토대학교와 남아프리카공화국 요하네스버그에 있는 비트바테르스란트대학교에서 명예박사 학위를 받았다. 명예박사 학위식은 1994년 4월 13일에 열렸는데, 바로 남아프리카공화국의 인종차별 정책이 공식적으로 해제된 날이었다. 아프리카 사람들에 대한 깊은 존경심으로 연구에 매진한 어느 여성학자에게 그 상이 수여되었다는 점에서, 어머니의 명예박사 학위는 더할 나위 없이 중요했다.

어머니에게는 모든 개인이 다 가치 있고 중요한 사람들이었다. 나이나 성별, 사회 계급, 종교, 인종, 민족, 정치, 성(性) 정체성, 재정 상태, 출생 국가, 성공 여부 같은 것은 어머니에겐 중요하지 않았다. 이것이 바로 인류학자로서 어머니의 성공을 설명해주는 대목이 아닐까 싶다. 지금은 나미비아로 알려진 곳에서 살던 백인들은 산족 사람들을 동물로 취급하며, 다른 야생동물처럼 재미로 잡을 수 있는 사냥감으로 생각했다. 하지만 어머니는 그들을 소중한 동료로 대했다.

어머니는 길에서 노숙자를 보면 항상 그들에게 돈을 건넸다. 성스러운 후원자 같은 거만함이 아니라 좋은 서비스에 감사하는 고객의 태도로 말이다. 어머니는 인생을 통해 알게 된 유명한 예술가나 학자를 대하는 것과 똑같은 존경심으로 노숙자들을 대했다. 어머니가 후원하는 자선단체 역시 주로 노숙자들을 위한 단체였다.

모든 사람들이 어머니를 좋아했다. 그중 몇몇은 어머니 이름을 따서 딸 이름을 짓기도 했다. 나도 어머니를 닮았다고 말할 수 있으면 좋았을 텐데, 내가 어머니를 닮았다고 생각하는 사람은 아무도 없었다.

나는 담배를 피웠고, 욕도 잘했고, '독특하다'라는 소리를 자주 들었다. 하지만 어머니의 친구들은 나를 위로해주기도 했다. 어머니는 따르기 쉬운 사람이 아니라면서 말이다. 정말 그랬을까? 어머니는 절대 그렇게 어려운 사람이 아니었다. 자상하고 현명한 리더, 따르면 큰 기쁨이 되고 큰 영광이 되는 그런 사람이었다.

내가 동물을 사랑하는 건 어머니로부터 물려받은 심성이다. 그래서 그 점만은 어머니를 빼닮았다고 할 수 있다. 물론 동물을 사랑하는 건 대단한 장점이 아니니, 그래서 내가 어머니를 닮은 구석이 있다고 미처 생각하지 못했을 수도 있다. 하지만 나도 어머니처럼 유기견과 유기묘를 입양했고, 새들과 다람쥐들에게 모이를 준다. 집안에서 파리를 보면 파리채로 죽이지 않고 창문을 열어 자유롭게 날아가게 해준다. 어머니는 거미도 도움이 된다며 죽이지 않고 그대로 집안에 두었는데, 나도 그렇게 한다.

그럼에도 어머니는 나보다 훨씬 더 부드러운 사람이었다. 어느 날, 곰 한 마리가 우리 집 근처에서 트럭에 치어 상처를 입는 일이 발생했다. 경찰관이 곰을 쏘아 죽이려는 걸 보고 나는 개인 사유지에 함부로 들어오지 말라고 고래고래 소리를 질렀다.

"판사에게 가서 수색영장부터 발부받아요!"

경찰은 화가 나서 돌아갔고, 곰의 상태는 다행히 좋아졌다. 곰은 그 이후에도 오랫동안 살아 있었다. 우리 집 주변에서 이따금 보였기 때문에 알 수 있었다. 하지만 어머니였다면 경찰에게 그렇게 소리를 지르며 말했을까 의문이다. 아마 사유지에서 당장 나가라고 명령하지도 않았을 것이다. 대신 예의 바르게 경찰을 설득했을 것이다. 하지만 경찰이 어머니 말을 고분고분 듣지 않고 그 곰을 죽였을지도 모를 일이다.

어머니의 죽음이 나를 변하게 했을까? 물론이다. 그건 내면적인 변화였다. 어머니가 돌아가시던 날, 나는 내가 하던 대로 했다. 소리 내어 울지 않았다. 그런 울음은 내 안에 없기 때문이다. 그럼에도 나는 어머니가 가슴에 사무치게 그립고 항상 생각이 난다. 지금의 일들을 보고 어머니가 뭐라고 할지 항상 궁금해한다.

어머니 없이 살아가는 일상은 참으로 낯설었고 어머니도 나처럼 할머니의 죽음을 극복하지 못했던 것 같다. 당신도 아마 그럴 것이다.

남동생이 암으로 죽었을 때, 동생은 73세였고, 나는 74세였다. 2005년, 보스턴의 어느 병원에서였다. 며칠 동안 미동도 없이 침대에 누워 있었지만 동생은 여전히 살아 있었고, 낮에는 올케와 아들 두 명이, 밤에는 내가 동생의 옆을 지켰다.

나는 초저녁에 뉴햄프셔주에서 차를 몰고 와서 밤을 지낸 후 아침에 올케가 도착하면 병원에서 나왔다. 올케와 조카들이 음악을 틀어놓아 병실에서 내내 아름다운 음악이 조용히 흘러나왔다. 동생은 마약성 진통제인 모르핀을 맞고 있었지만, 그 와중에도 음악을 듣지 않았을까 싶다.

동생은 그 병원의 호스피스 병동에 있었다. 그래서 거의 매일 밤 우리 가족은 병동의 어느 병실에서 환자가 숨을 거두는 것을 보았다. 그들 대부분은 누구의 보살핌도 받지 못하고 혼자 죽었다. 간호사실과 연결된 모니터를 몸에 단 채로 말이다. 모니터에서 소리가 나면 간호사가 황급하게 병실로 뛰어들어가도 말이다. 그렇기에 병원에 입원하게 되면 낮에 죽는 게 제일 좋다. 내가 아는 한, 당시 호스피스 병동의 8개 병실 중에서 가족들이 죽어가는 환자와 밤을 함께 보내는 병실은 우리 말고 단 한 곳뿐이었다.

죽어가는 사람에게 외로움은 엄청난 고통이다. 우리는 누군가에게 중요한 사람이길 원한다. 그런데 혼자 죽게 된다면 얼마나 비통한 심정일까. 간호사들도 이런 사실을 잘 알고 있다. 그래서 혼자 죽는 환자들이 가여울 수밖에 없다. 내가 동생을 간호하는 동안, 옆 병실 남자 환자가 혼자 죽었다. 뒤늦게 달려온 간호사는 잠시 환자를 바라보다가 믿지 못하겠다는 듯 고개를 저으며 떠났다.

나 역시 생의 마지막을 혼자 맞이해야 하는 환자들을 보며 가슴이 너무 아팠다. 그리고 우리에겐 그런 일이 일어나지 않았음에 감사했다. 동생은 한낮에, 가족들이 지켜보는 가운데 눈을 감았다. 나는 하늘이 내려앉는 것처럼 슬프고 우울했지만, 동생과 나는 이미 오래전부터 각자의 길을 가고 있었다. 나는 내 동생을 너무 사랑했지만, 동생의 죽음 역시 내 세상을 변화시키지는 않았다.

남동생을 마지막으로, 내 직계가족이 모두 이 세상을 떠났다. 물론 여전히 나에게는 나의 가족들이 남아 있다. 가족의 죽음이 너무 슬프고 또 그들이 너무 그리웠지만, 그래도 내 삶은 어제와 다름없이 조용히 흘러갔다. 죽음이 내 세상을 변화시키려면, 최소한 내 경우는 돌아가신 분이 나에게 그냥 중요한 게 아니라, 매순간마다 그의 부재가 뼈아프게 느껴질 정도로 지극히 친밀한 관계여야 할 것 같다.

생각해보면, 내 이야기가 맞을 것이다. 사랑하는 사람을 잃으면 마음에 큰 상처가 생긴다. 도저히 다시 메울 수 없을 정도로 삶에 크나큰 공허함이 생긴다. 그래도 일상적으로 책임을 다해야 하는 일들이 당신을 둘러싸고 있기 때문에 어제와 같은 삶을 꾸려내야 한다. 별다른 선택권은 없다.

하지만 만약 손이 잘리면 어떨까? 당신은 어제와 다름없이 살아갈 수 없다. 손이 있어야 다른 사람의 도움을 구하지 않을 수 있으니 말이다. 손이 없어지면 당신의 삶은 통째로 바뀐다. 손의 부재를 생각하지 않으려 해도 항상 끊임없이 시도 때도 없이 느껴진다.

나는 나의 사랑스러운 반려견을 보고 이것을 깨달았다. 그 개는 '펄'이라는 호주산 세퍼드다. 펄과 처음 만난 것은 아들네 집에서였다. 그때 아들 식구는 콜로라도주에 살고 있었다. 펄은 자기 주인을 좋아하긴 했지만, 내가 가면 늘 나만 졸졸 쫓아다녔다. 하루 종일 내 옆에 붙어 있었고, 밤에도 내 침대에서 내게 꼭 붙어 잠을 잤다.

우리가 서로를 너무 좋아하니, 아들네 가족들도 우리가 더 잘 어울린다고 인정할 수밖에 없었다. 그 뒤로 우리는 언제나 함께였다. 내가 물건을 사러 가면 펄은 차에서 창밖을 바라보며 나를 기다렸다. 내가 샤워를 하면 펄은 샤워 커튼 옆에서 나를 기다렸다. 펄이 한밤중에 짖으면, 나는 벌떡 일어나 창밖을 살폈다. 펄이 내가 모르는 것을 알 수 있다고 확신했기 때문이다. 가끔 펄이 내가 구했던 곰을 냄새로 찾아내기도 했다. 우리는 그렇게 서로에게 완전히 몰입했고 둘 다 사람이라면, 절대 그렇게 할 수 없을 정도로 서로를 깊이 이해했다.

한번은 로드아일랜드주의 프로비던스에서 저자 사인회가 있었다. 펄과 나는 정해진 시간보다 약간 늦게 도착했다. 나는 정신없이 주차할 장소를 찾았는데, 그 시간이 영원히 계속될 것만 같았다. 그렇게 허둥대다가 마침내 겨우 한 곳을 발견하고는 급히 주차를 했는데, 너무 헤매다 보니 사인회가 열리는 서점이 어디에 있는지 도통 찾을 수가 없었다. 펄은 목줄에 이끌려 참을성 있게 나를 따라 이 길 저 길을 총총 걸었다. 그러다 나는 겨우 서점을 찾았고, 사인회가 시작되었다.

펄은 자신을 쓰다듬고 싶어 하는 낯선 사람들을 피해 책상 밑으로 몸을 숨겼다. 사인회가 끝나고 우리는 밖으로 나와 인도를 걷기 시작했다. 이제 집으로 가기만 하면 되었다. 그런데 이번엔 차가 보이지 않았다. 나는 늦게 도착한 것에 너무 당황한 나머지 자동차를 주차해놓은 거리 이름도 제대로 보지 못한 채 어디에 주차했는지도 완전히 잊어버렸던 것이다.

로드아일랜드주의 주도이며 뉴잉글랜드 지역에서 세 번째로 큰 도시인 프로비던스에는 수백 개의 거리가 있고, 도로 양쪽을 모두 합하면 수만 개의 자동차가 거리에 주차되어 있을 것이었다. 이제 뭘 어떻게 해야 할지 몰라 우왕좌왕하고 있을 때, 펄이 더 이상은 참지 못하겠다는 듯이 목줄로 나를 끌어당

기기 시작했다. 다른 뾰족한 수가 없었기에 나는 펄을 따라 걸어보기로 했다.

그때가 아마 우리가 함께 가장 오래 걸었던 날일 것이다. 우리는 도로를 건너고 다시 인도를 따라 일직선으로 북서쪽을 향해 걸어갔다. 서점에 갈 때 그렇게 지그재그로 걸어갔을 리가 없었다. 그래서 나는 펄이 우리 집이 있는 뉴햄프셔주를 향해 걷고 있는 건 아닌지 의심이 들기 시작했다.

그때 펄이 갑자기 인도를 벗어나 도로로 몇 미터를 걸어가더니, 우뚝 서서 나를 올려다보았다. 나는 갈피를 잡을 수가 없었다. 지금까지 인도로 잘 걸어왔으면서 도로 한중간에 나를 세우다니……. 하지만 나는 알았다. 펄이 무슨 문제가 생긴 건지 잘 이해했을 뿐 아니라 그 문제를 멋지게 해결했다는 사실을. 나는 내 차의 왼쪽 문 앞에 서 있었던 것이다!

펄은 보통 뒷문으로 차에 올라탄다. 펄은 나를 운전석 문 앞까지 데려다 주고, 자못 진지한 표정으로 나를 뚫어져라 바라보고 있었다. 나는 펄이 무슨 말을 하는지 알 것 같았다.

"어서 차에 타셔야죠."

내가 운전하는 동안 펄이 낯선 표정으로 나를 계속 쳐다보았다. 나의 무능력함에 무척이나 놀랐나 보다. 나에게 집으로 가는 길도 가르쳐줘야 하는 건 아닌가 하고 생각했을지도 모르겠다.

펄은 2010년에 죽었다. 치료 불가능한 암에 걸려 안락사를 시킬 수밖에 없었다. 지금까지 하루도 펄이 생각나지 않은 날이 없다. 약물이 주사바늘을 통해 몸속으로 들어가는 동안, 여전히 나를 사랑하고 굳게 믿는다는 표정으로 바라보던 펄을. 나는 지금도 혼자 있을 때면 불현듯 '펄' 하고 이름을 불러보기도 한다. 내가 쓴 책 중에는 펄에게 바치는 것도 있다. 펄이 내 몸의 일부처럼 느껴진다. 마치 원래 한 몸이었던 것처럼 말이다.

지금 나는 언제나처럼 터벅터벅 걷지만, 이제 절대 예전과 같을 수 없다. 앞에서 나는 소리 내어 운 적이 없다고 했었는데, 죽은 펄을 병원에 그대로 두고 떠나올 때도 나는 울지 않았다. 하지만 이 글을 쓰는 지금, 눈물이 터져 나올 것만 같다. 펄을 생각할 때면 가끔 이런 상태가 된다. 펄의 죽음이 다른 누구의 죽음보다 더 크게 내 삶을 바꿔놓았다.

사람에 대해서는 그렇게 느끼지 못하면서 반려견에 대해 이런 생각을 한다는 게 잘못된 것처럼 보일 수도 있다. 백 번 이해한다 해도 내가 이상하게 보일 것이다. 인간은 행동하는 방식을 바꿀 수 있지만 감정까지 바꿀 수는 없다. 나는 내가 영원히 펄을 그리워할 것을 알고 있다. 내가 사랑했고 내 곁을 떠나간 많은 이들이 나와 똑같은 사람이었지만, 펄은 내 손과 같은 존재였기 때문이다.

남편은 2015년에 세상을 떠났다. 남편의 이름은 스티브, 우리 둘 다 여든세 살이었고, 결혼한 지 60주년이 되는 해였다. 남편은 루게릭병으로 알려진 근위축성측색경화증으로 사망했다.

우리는 1950년, 열여덟 살 때 처음 만났다. 그는 내 동생의 친구였고, 우리는 대학시절을 함께 보냈다. 그는 유머 감각이 정말 뛰어났고 근사한 오토바이도 가지고 있었다. 몇 년 동안 공사장에서 일한 돈으로 장만한 오토바이였다. 스티브도 나의 첫인상이 좋았다는데, 몇 년이 지난 후 이야기를 들어보니 내 엉덩이가 멋졌기 때문이란다. 그의 말에 화가 났다. 하지만 그가 나만의 개성을 좋아했던 게 아닌가 싶다.

지금 와서 생각해보면, 어떤 사람의 오토바이와 어떤 사람의 엉덩이가 만나 60년이라는 긴 사랑의 시간을 이어갔다는 게 정말 신기하기만 하다.

하지만 그때 우리는 새파란 젊은이들이었다. 젊은 사람들은 자신이 뭘 하고 있는지, 앞으로 어떻게 될지 아무것도 알지 못한다. 그렇더라도 결혼은 우리에게 잘 맞았다. 우리는 행운아였다. 어떤 친구는 우리 결혼의 성공적인 이유가 오토바이를 타려면 엉덩이가 오토바이에 착 달라붙어야 하기 때문이라고 했다.

우리의 여정은 다른 사람들의 그것보다 오래 지속되었다.

그 당시에는 그리고 부모님 시대에는, 확실히 사람들이 '죽음이 우리를 갈라놓을 때까지'란 말의 의미를 지금보다 잘 알고 있었던 것 같다. 우리는 또 서로가 각자 선택한 삶을 살 수 있게 도왔다. 서로의 삶이 완벽하게 달랐지만, 남편은 내가 사자와 표범과 호전적인 사람들이 있는 우간다 북쪽의 야생 지역으로 아이들을 데리고 가는 것에 별로 상관하지 않았다. 내가 아이들을 남편에게 맡기고 캐나다 배핀 섬의 늑대들과 여름을 보내러 떠날 때도 언짢아하지 않았다.

나 역시 남편이 일 년 내내 전국을 돌며 여러 상원의원 후보들의 당선 여부를 평가하는 일에 반대하지 않았다. 남편은 '살만한 세상을 위한 협의회(Council for a Livable World)'에서 일했는데, 이곳은 미국의 핵무기 보유를 반대하고 궁극적으로 핵무기 포기를 지지하는 상원의원들의 선거운동 자금을 지원하는 조직이었다. 남편이 자기 일을 하느라 전국을 돌아다닐 때 물론 많이도 보고 싶었지만, 나는 그가 원하는 일을 해야 한다고 생각했기에 기꺼이 보내곤 했다. 대신 남편과는 전화로 수많은 이야기를 나누었다.

오랜 시간이 지난 뒤, 남편이 협의회에서 퇴직한 후 매년 6개월씩 체코에서 지냈지만—프라하에서 6개월을 보내고, 나머지 6개월은 집에서 보냈다—나는 반대하지 않았다. 남편은 프라하에서 석사 시절 논문 주제였던 중앙 유럽의 역사를 계속 연구하면서, 제1차 세계대전 이후 그곳에서 만연했던 민족 간 분쟁을 조사했다.

6개 국어를 구사했고 특히 체코어, 러시아어, 독일어에 유창했던 남편은 제대로 준비된 연구원이었다. 남편이 프라하에 있을 때, 나는 그가 너무 보고 싶어 직접 찾아가기도 했다. 물론 우리도 싸웠다. 내가 아는 한 결혼한 부부들은 모두 싸운다. 물론 우리 부모님은 싸우지 않았지만. 아니, 최소한 시끄럽게 소리를 지르며 싸우지는 않았다. 나는 딱 한 번 이혼을 생각한 적이 있었지만, 당연히 이혼하지는 않았다.

당시 나는 이혼 상담을 받기 위해 변호사 친구를 찾아갔는데, 너무 심하게 떨어서 끝내 아무 말도 하지 못했다. 변호사 친구는 그런 나를 걱정하면서 한 번 더 숙고해보라고 충고해줄 뿐이었다. 나는 그의 시간을 빼앗은 것 같아 미안하다고 사과한 후 집으로 돌아왔다.

스티브는 이혼에 대해 말하는 걸 싫어했다. 내가 이혼을 생각했다는 그 자체가 스티브를 화나게 했다. 그동안 우리 관계가 삐걱거리긴 했지만, 우리는 차이를 해결하기를 원했고─그 차이가 무엇이었는지 지금은 전혀 기억할 수 없다─남은 인생도 함께 살기를 원했다. 그리고 우리는 정말 그렇게 끝까지 함께했다.

나는 오랫동안 'STET'라고 적힌 자동차 번호판을 달고 다녔다. 이것은 나와 남편 이름의 이니셜인데, 물론 이 단어는 '가만히 두다'라는 뜻의 라틴어 동사인 'sto, stare, steti, statum'에서 나온 것이기도 하다. 그리고 내가 처음에 말했듯이 작가가 쓴 글을 편집자가 수정하려 할 때 작가가 '이건 그대로 두세요!'라는 뜻으로 원고에 적는 말이기도 하다.

사랑은 이제 막 빠져들기 시작할 때와 아주 단단하게 결속된 관계가 되었을 때 완전히 달라진다. 사랑을 시작할 때는 나와 또 다른 개인이 필요하지만 사랑이 단단해지면 두 사람이 하나로 되어갈 것이다.

어른이 된 후에 목 놓아 운 적이 딱 한 번 있다. 의사가 루게릭 환자의 기대 수명이 진단을 받은 후부터 3~5년 정도라고 남편에게 말했을 때다. 근위축성측색경화증은 '근육에 영양이 공급되지 않는다'라는 뜻이다. 이 병에 걸리면 신경이 파괴되는데, 효과적인 치료법이나 완치법은 아직 없다.

남편은 안색 하나 변하지 않고 이 소식을 받아들였다. 마치 의사로부터 날씨가 좋으니 나가서 햇빛을 즐기라는 말을 들은 것처럼 말이다. 하지만 나는 너무 충격을 받아 눈물샘이 터져버렸다. 엉엉 목 놓아 울었다. 얼굴이 온통 눈물바다가 되었고, 목이 메어 아무 말도 나오지 않았다.

그런 나를 보며 남편은 온화한 표정에서 근심 띤 얼굴로 변했다. 남편의 루게릭병은 발에서 시작되어 이미 양발에 마비로 진행되고 있었다. 남편이 힘든 걸음으로 병실을 가로질러 다가와 나를 안아주었다. 나는 더 눈물이 났다. 남편은 내 머리를 쓰다듬으며 부드럽게 말했다.

"정말 미안해요."

그의 죽음이 내 삶을 바꿔놓았을까? 나는 그때 처음으로 내가 늙는다는 걸 느꼈다. 나는 피곤했고, 집중도 잘되지 않았다. 너무 혼란스러웠다. 내가 죽으면 남편과 함께 있을 수 있을까? 나는 남편 옆으로 아무리 빨리 간다고 해도 성에 차지 않을 것 같았다.

돌이켜보면 나는 남편의 장례식을 치르기 전부터 내가 늙어가고 있다는 걸 느낀 것 같다. 언젠가부터 나는 우체국이 어디인지 잊어버려 몇 번이나 길을 틀리고서야 겨우 도착할 수 있었다. 손목시계도 잃어버려 다시 사야 했다. 잃어버린 손목시계는 나중에 내 책상 뒤에서 찾았다.

시간이 흐르면서 내 노화는 더욱 심각해졌다. 나는 안경도 잘 잃어버렸다. 머리 위로 올려 쓰고 있으면서도 온 서재와 집을 뒤질 때가 많았다. 늘 그런 건 아니지만 잃어버린 안경을 찾느라 일주일이 지나간 적도 있었다. 그 안경은 아직도 찾지 못했다.

안경을 잃어버리니 삶이 더 힘들어졌다. 안경 없이는 앞이 잘 보이지 않아 나는 15년 전에 새 안경으로 바꾸면서 처박아 두었던 오래된 안경을 꼈다. 그런데, 내가 서 있는 계단과 바로 밑 계단을 구분하지 못해 하마터면 계단에 머리부터 굴러 떨어질 뻔했다. 이런 식으로는 계속 살 수가 없기에, 나는 다시 새 안경을 샀다. 그리고 역시나 바로 그 다음날, 집안일을 도와주러 온 친구 잰이 잃어버렸던 안경을 찾아주었다.

자동차 열쇠는 거의 매순간 잃어버렸다.

'이런! 자동차가 차고 앞 진입로에 있으니 열쇠는 여기 있어야 하는데. 차에 두고 왔나? 코트를 걸 때 열쇠가 내 손에 있지 않았나?'

제일 마지막 질문의 뜻은 '열쇠가 코트 주머니에 있다'라는 말이다. 하지만 나의 뇌는 이미 오래전에 그렇게 사고하기를 멈추었다. 정신과의사인 내 친구가 했던 말이 생각났다.

"네가 물건을 어디에 두었는지 몰라도 상관없어. 하지만 그 물건을 왜 찾고 있는지는 기억해야 해."

그때부터 뭔가를 왜 찾는지 기억이 나지 않을 때는 그 물건을 애써 찾으려고 하지 않았고, 이런 방식이 나에게 도움이 되었다. 그리고 열쇠는 정말 코트 주머니에 들어 있었다! 거의 일 년이 지난 후, 그러니까 계절이 한 바퀴 돈 다음에 그 코트를 입으려다 열쇠를 다시 찾았다.

하지만 나는 또 열쇠를 잃어버렸다. 열쇠가 집안에 있는 건 분명했다. 자동차가 그때처럼 차고 진입로에 세워져 있었기 때문이다. 하지만 이번엔 일 년이 거의 지났는데도 아직 찾지 못하고 있다. 다행히 열쇠가 두 개여서, 나는 남은 열쇠 하나를 커다랗고 노란 손목 밴드로 묶어 차고 있다. 덕분에 열쇠가 있어야 할 자리가 아닌데도 언제나 눈에 띈다.

나는 요리하는 법도 잊어버렸다. 남편의 말에 의하면, 나는 꽤 솜씨 좋은 요리사였다. 언제나 남편을 위해 요리했던 나였는데, 요즘 요리가 나에게 유일한 도움이 되는 건 '이 엉망진창인 음식을 먹을 사람은 이 집에 나 하나뿐이라는 거야' 하고 중얼거릴 때 뿐이다.

나는 일찍 잠자리에 든다. 더 이상 할 일이 없기 때문이다. 그리고 우울함을 느끼며, 새벽 4시쯤 잠에서 깬다. 불을 켜고 텔레비전을 틀어놓으면 조금 도움이 된다. 나의 개인적인 우울을 뛰어넘고도 남을 만한 슬픈 일들이 뉴스에 가득하기 때문이다. 그런 다음 고양이와 개들에게 밥을 주고, 커피를 한 잔 마신 뒤 일을 하러 간다.

남편의 죽음에 대한 내 경험은 특별했다. 최소한 나에게는 그랬다. 하지만 사실 그건 너무나 흔한 경험이기도 하다. 많은 부부들이 오랫동안 서로 사랑하며 사니까. 그런 관계 속에서 두 사람은 결국 하나가 된다. 둘 중 하나가 죽으면, 남아있는 다른 반쪽이 감당해야 할 일들은 무엇일까.

얼마 전 손자와 이야기를 나눈 적이 있다. 그 애는 열두 살이고, 부모인 내 아들과 며느리와 함께 길 건너편에 살고 있다. 당시 손자와 나는 내가 죽으면 우리 집에 어떤 일이 생길지에 대해 이야기를 했는데, 나는 그 애의 아버지와 고모인 내 딸이 이 집을 물려받을 거라고 말해주었다. 나는 손자의 얼굴이 겁에 질린 표정으로 변하는 걸 보고 깜짝 놀랐다. 손자가 나를 향해 팔을 쭉 벌리고 눈물이 그렁그렁한 채 말했다.

"할머니, 돌아가시면 안 돼요."

"하지만 사람은 다 죽는단다."

"할머니는 안 돼요."

나는 아직 건강하니 분명 앞으로도 오래 살 거라고 손자에게 말해주었다. 아이는 마치 우리가 다른 이야기를 시작한 것처럼 금방 얼굴이 편해졌다. 나는 죽음이 나이에 따라 다른 의미를 갖는다는 걸 다시 한 번 깨달았다.

젊은이들은 미래에 일어날 끔찍한 일들에 대해 깊이 생각하지 않는다. 그리 오래 살지 않아 앞으로 지침이 될 만한 과거의 경험을 충분히 쌓지 못했기 때문에 늙은 사람들과는 시각이 아주 다른 것이다. 나는 샤워기 헤드를 올려다보며 방금 누군가가 죽었다는 소식을 들었던 때가 생각났다. 내 손자 역시 그때의 나와 똑같았다. 죽음을 너무 충격적이고 비일상적인 것으로 받아들이는 태도 말이다.

젊은 사람들은 늙은 사람들만큼 고민하고 염려하지는 않는다. 물론 그렇기는 해도 우리와는 다른 종류의 두려움을 가지고 있다. 손자들은 내가 균형적인 시각을 갖게 해준다.

손지와 죽음에 대한 이야기를 나눈 지 얼마 되지 않아, 아들 내외가 따로 외식을 할 일이 생겼다. 그래서 나는 손자와 단둘이 저녁을 먹었다. 내가 요리하는 법을 잊어버렸기 때문에, 우리는 피자를 주문해서 텔레비전을 보며 나눠먹었다. 〈심슨 가족들(The Simpsons)〉을 제작한 사람이 만든 프로그램이 방영되고 있었다. 손자가 그 프로그램을 골랐고, 나는 자주 깜박하는 편이라 제목이 뭐였는지는 금세 잊은 채 그냥 재미있게 보았다.

나는 큰 소리로 잘 웃지 않는다. 남편이 루게릭병으로 3~5년 밖에 살지 못한다는 말을 들었을 때 빼고는 절대 소리 내어 울지도 않는다. 하지만 젊은 사람과 함께 있을 때면 사람이 바뀐다. 가끔씩 나도 젊은이가 된 것 같을 때가 있다. 바로 그날 밤도 그랬는데, 그날은 평소 절대 하지 않던 두 가지를 모두 했다.

텔레비전 프로그램이 너무 재미있어서 배꼽을 쥐고 깔깔거리다가 울기까지 한 것이다. 나는 손자와 다시 한 번 그렇게 웃고 싶다. 며칠 뒤 나는 손자에게 내가 제일 아끼는 물건을 주었다. 그것은 검치호(Sabertooth tiger, 4000만 년 전부터

만 년 전까지 살았던 고양잇과 육식동물로 구부러진 칼처럼 생긴 송곳니를 가졌음—옮긴이)의 거대한 두개골 석고상이었다. 손자는 넋이 나간 듯한 표정으로 바라보며 선물이 마음에 쏙 든다고 했다.

14장

죽음, 그리고
그 다음에 오는 것들

이번 장에서는 죽음 그 자체에 대해 이야기하려고 한다. 죽음이 위대한 주제라서가 아니라 어쨌든 우리 모두 죽음을 맞게 될 테니, 미리 준비해두는 게 좋을 것 같아서다. 우리의 죽음은, 우리의 죽은 몸뚱이와 함께 남겨져 그걸 처리해야 하는 사람들에게 문제가 될 수 있기 때문에 진짜 문제다.

시신 처리 방식은 지역과 문화에 따라 다른데 전 세계적으로 6가지 정도가 있는 듯하다. 발생 순서대로 나열하면 자연 방치, 매장, 식인(Cannibalism), 화장, 용해(Liquefaction), 인간 퇴비화(Human composing)가 있다.

첫 번째는 당연히 시신을 자연에 그대로 놔두는 방법이다. 이것은 고대 조상들이 행하던 방식으로, 다른 동물들이 하는 방식을 그대로 따른 것이다. 사람이 죽으면 애도하는 마음과는 별개로 그 사람의 시신을 개미부터 독수리, 하이에나까지 여러 동물들의 먹이가 되도록 그대로 밖에 놔두는 방식이다.

매장 개념이 생겨난 것은 우리의 조상들이 인간에게 영혼이 있다고 깨달았기 때문이다. 영혼은 눈에 보이지 않으며 냄새도 소리도 없다. 영혼은 하나의 개념 같은 것이다. 눈에 보이지 않는 복잡한 개념에 대해 이야기를 주고받는 것은 다른 동물들에게는 불가능한 일이다. 그러므로 인간에게 영혼이 있다는 믿음은 인류가 언어를 만들어낸 이후에 생겨난 것이 분명하다. 특히 무덤을 만드는 문화는 인간에게 영혼이 존재한다는 걸 인정한다는 의미로, 인간의 장구한 역사 동안에 가장 일반적으로 행해진 장례 방식이다.

사람들은 이 고대의 전통을 오늘날까지 면면히 이어오고 있다. 매장의 가장 대표적인 예가 자연 장례인데, 시신에 아무런 방부 처리도 하지 않고 아주 협소한 땅에 그대로 묻는 방법이다. 오늘날에는 선택에 따라 시신을 간단한 나무 관에 모시거나 또는 그대로 매장한다. 고대의 방식과 큰 차이가 없는 매장법이 현재까지 행해지고 있는 것이다.

인류 최초의 매장은 네안데르탈인의 무덤으로, 30만 년 전에 매장된 것으로 알려져 있다. 이미 멸종된 야생 소의 일종인 오로크스(Aurochs)의 뿔이 그 무덤에 같이 들어 있었다. 인간의 최초 매장은 현재 이스라엘 땅 근처에서 발견되었는데, 10만 년 전 여성과 아이를 함께 묻은 무덤이었다. 그러나 정확하게 말하면 '최초'는 아닐 것이다.

인간은 아프리카 대륙에서 수천 년을 살다가 중동 지역으로 이주했다. 아프리카 대륙에서 사는 동안 우리의 코이산 (Khoisan, 남부 아프리카에 거주했던 흑인 민족군으로, 인류의 가장 원초적인 삶의 형태를 유지하며 살았음 ─ 옮긴이) 조상들은 시신을 매장하는 풍습을 가지고 있었다. 코이산은 코이코이(Khoik-hoi)족과 산족을 합쳐 부르는 이름이다. 그들의 문화는 고대로부터 내려온 것인데, 아주 안정적인 형태로 이어져왔다. 앞서 말했듯이 산족은 이 지역에서 8만 5천 년 동안 거주해왔고, 그 시기 동안 고대에서부터 전해진 문화 요소들은 거의 아무것도 바뀌지 않았다.

하지만 안타깝게도 코이산족 사람들의 매장 풍습과 관련된 화석은 아무것도 남아 있지는 않다. 아무래도 건조하고 모래가 많은 지역적 특성과 무덤 봉분을 아주 얇은 두께로 만들었기 때문일 것이다. 사실은 이런 사막뿐만 아니라 다른 여러 토양 조건에서도 무덤 속 시신이 화석으로 변하는 것은 거의 일어날 수 없는 일이기도 하다.

그렇다면 최초의 매장 방식은 어떻게 확인할 수 있을까? 그리고 매장은 호모 에렉투스로부터 시작된 것일까? 만약 우리 인간과 네안데르탈인으로 진화해온 호모 에렉투스가 무덤을 발명한 것이라면, 그 모양은 산족의 무덤과 비슷하지 않았을까? 산족의 무덤은 모양이 꽤나 다양한데, 나의 어머니는 자신의 저서《냐냐의 쿵족》에서 이렇게 묘사했다.

이상적인 무덤은 신축성이 있는 인간의 몸이 완벽하게 들어갈 정도로 깊이가 있는 것이다. 하지만 언제나 그런 이상적인 무덤을 만들 수 있는 것은 아니었다. 대신 깊이가 얕은 참호 모양의 무덤 밖에 만들 수 없을 때도 있었다. 땅을 실제로 판 것이 아니라 그저 무덤이라는 걸 나타낼 수 있도록 얇게 흙을 덮은 것이다. 또는 무덤이라는 표시 없이 그저 시신을 땅에 반듯이 눕힌 뒤, 육식동물로부터 시신을 보호하기 위해 가시가 있는 나뭇가지들로 덮어놓은 무덤들도 있었다.

이런 식으로 무덤을 만든 이유는 이동 중에 시신을 묻어야 했기 때문이다. 냐냐 지역에는 지표수(호수나 하천 등의 표면에 있는 물—옮긴이)가 없다. 건기가 되면 사람들은 샘을 찾아 먼 길을 떠났고, 이때 식수는 목적지까지 도착하는 데 필요한 만큼만 운반했다. 당시 사람들은 계속 물을 찾아 옮겨 다녔던 것이다.

매장을 끝내면 사람들은 무덤에서 멀리 떨어졌다. 무덤 가까이 있으면 영혼이 싫어하고, 사람들에게 해코지를 한다고 믿었기 때문이다. 산족의 문화가 계속 안정적으로 지속된 점을 생각해보면, 영혼에 대한 믿음은 무덤의 시작과 함께 생겨난 것으로 충분히 추측해볼 수 있다.

중동 지역의 무덤이 산족의 무덤보다 앞선다고 주장하는 데에는 아직 확실한 증거가 부족하다. 물론 증거가 부족하다고 해서 네안데르탈인이 무덤을 만든 인류의 첫 번째 조상이 아니란 뜻은 아니다. 그리고 코이산족이 인간이란 종으로서 첫 번째로 무덤을 만든 사람들이 아니라는 뜻도 아니다.

이것이 뜻하는 바는 친환경적인 장례(Green burial) 또는 자연 장례라는 방식이 수천 년 동안 행해졌으며, 지금도 계속되고 있음을 얘기할 뿐이다. 더 나아가 자연 방치와 매장이라는 두 가지 방식이 지금까지 시신을 처리하는 가장 기본적이고 공통적인 방식이라는 뜻도 된다.

우리는 여전히 이 친환경적인 장례법을 선택한다. 친환경적인 장례는 미국에서만 50개 주에서 법적으로 허용되고 있다. 규제하는 법이 서로 다를 수는 있어도 합법적인 매장 방식이란 점은 똑같다. 물론 '일반적인 매장'이라고 볼 수 있는 이 방식은 사실상 많은 변화를 거쳐 왔다. 하지만 아직 변하지 않고 전 세계에 걸쳐 공통적으로 발견되는 한 가지가 있는데, 죽은 사람들이 우리가 무엇을 하는지 다 알고 있다고 믿는 관점이다. 고인이 좋아하거나 혹은 나중에 사용할 수 있도록 생전에 쓰던 물건들을 무덤에 함께 넣기도 하는데, 신기하게도 이는 산족의 문화에서는 찾아볼 수 없다.

내가 방문했던 우간다 북부의 도도스족들은 자연 방치와 매장 방식을 동시에 사용하고 있었다. 도도스 사람들은 다른 가축보다 양을 키우는 걸 좋아하는 목축인이었다. 그래서 부족의 중요한 사람이 죽으면 양 우리에 시신을 묻었다. 반면 일반 부족민들의 시신은 땅 위에 그대로 두고 방치하는 방식을 따랐다.

나는 방금 죽은 도도스족 남자를 그대로 땅에 놓아둔 것을 우연히 목격한 적이 있다. 나는 그의 누나를 알고 있었는데, 이름이 '아드웡'이라는 여자였다. 우리는 아주 친했지만 그녀의 남동생은 부족 사람들의 물건을 훔치는 것으로 유명했고 결국, 어느 부족민의 곡식 저장고를 털다가 죽임을 당했다.

곡식 주인은 그를 잘 알았음에도 가차 없이 창으로 찔러 죽였다. 시신은 곡식 주인의 거주지에서 10미터 정도 떨어진 곳에서 발견되었다. 남자는 창에 찔린 뒤에도 도망치려고 달렸던 것 같다. 그리고 극심한 고통에도 시달린 것 같았다. 땅에 반듯하게 누웠지만 얼굴이 기묘하게 찌그러진 것으로 보아 엄청난 고통 속에서 죽은 듯했다.

배가 가슴부터 엉덩이까지 찢겨 있었고 대부분의 장기는 밖으로 쏟아져 나와 있었다. 이윽고 엄청난 개미떼가 그 위를 덮쳤다. 내 추측으로는 개미떼가 바닥에 그대로 놓여 있는 시신을 뜯어먹은 첫 번째 손님이었을 것이다. 다른 사람들과 함께 아드웡의 동생을 바라보다가 나는 시신이 어떻게 될지 궁금해서 사람들에게 물어보았다. 누군가 이렇게 일러주었다.

"하이에나가 오겠죠."

그날 밤 정말로 하이에나가 왔다. 도도스족 마을에서는 시신이 땅바닥에 그대로 방치되어 있으면 언제나 하이에나가 나타났다. 하이에나는 여러 면에서 죽음과 연결된 동물인데, 도도스족은 그 녀석을 싫어하지도 두려워하지도 않았고, 심지어 사냥을 하지도 않았다. 오히려 그들은 마녀가 하이에나를 타고 와서 자신을 해치려고 하는 사람의 야영지를 빙글빙글 돈다고 믿었다. 하이에나는 부정적인 이미지를 가진 동물이었지만, 도도스족의 삶에는 도움이 되는 존재였다. 그들은 도도스족에게 꼭 필요한 장의사였으니 말이다.

아드웡의 동생과 같은 일반 부족민이 아닌 존경받는 연장자가 사망하면, 도도스족은 고인이 키우던 양 우리 안에 무덤을 만들었다. 우선 양들을 우리 밖으로 내보내고, 시신을 우리 안으로 정중하게 모신 후 흙으로 무덤을 채워 완벽하게 덮었다. 그리고 그날 저녁 고인의 양들을 다시 우리 안으로 집어넣었다.

내가 만약 가축을 기르는 사람이라면, 이것이 바로 내가 그리는 천국의 모습일 것이다. 늘 마음속으로 그려왔던 양들이 마치 아름다운 꿈처럼 밤에 내 주위를 거닌다고 생각해보라. 더 이상 무엇을 더 바라겠는가?

식인 풍습은 고대 시대에서부터 발견된다. 앞서 나는 죽음을 처리하는 방식을 나열할 때 식인 풍습을 세 번째에 넣었다. 그럼 마치 식인 풍습이 세 번째로 나타난 것처럼 보이지만, 사실 식인 풍습은 죽음을 다루는 여섯 가지 방식 중 제일 마지막을 제외하고 어떤 차례에 넣어도 무방하다. 정확하게 식인 풍습이 언제 시작되었는지 아무도 모르기 때문이다.

고대 시대에 우리의 영장류 친척들은 같은 영장류들을 잡아먹었거나 최소한 살점을 몇 점 물어뜯으며 살았을 것이다. 인류가 나무에서 내려와 땅에서 살게 된 후에도 여전히 똑같이 행동했을 것이다. 그러지 않았으리라고 생각하기가 오히려 더 어렵다.

오늘날 식인 풍습은 문화마다 서로 다른 목적을 띤다. 어떤 문화에서 식인 풍습은 신성한 의식의 목적을 갖는다. 오래전에 발생했던 고대의 여러 문화권에서도 마찬가지였다. 영국의 어떤 동굴에는 약 15만 년 전에 신성한 의식으로 사람을 잡아먹은 흔적이 그대로 남아 있다. 또 다른 문화에서는 사람을 더 강하게 만들기 위한 방법으로 식인 풍습을 사용했다.

지금도 아프리카 어느 지역에서는 전투 의식을 한층 강화하는 방법으로 소년 병사들에게 죽은 사람을 먹게 한다. 그런 가 하면 고급 음식을 만들기 위한 목적으로 식인 풍습을 이 용하는 문화도 있는데, 옛날 중국에는 인육을 조리하는 레시 피가 있었다는 이야기를 전해 듣기도 했다.

어쩔 수 없이 인육을 먹어야 하는 경우도 있었다. 1846년 한 무리의 미국인들이 마차를 몰고 신개척지를 찾아 서쪽으로 이동하던 중, 네바다 산맥에서 거센 눈 폭풍을 만나 고립된 적이 있었다. 그들은 마차 앞을 가로막았던 황소까지 잡아 먹었지만, 그 후에도 식량이 계속 조달되지 않아 절반 이상의 사람들이 굶어 죽고 말았다. 남은 생존자들은 죽은 사람의 시체를 먹을 수밖에 없었다.

지금까지 식인 풍습의 몇 가지 이유를 들여다보았다. 나는 이것을 문화라는 범주에 놓으려고 한다. 문화 속에서 식인 풍습은 매장이나 화장과 같은 목적 즉, 죽은 사람을 보호하는 목적을 띤다. 이런 맥락에서 보면 식인 풍습은 고인의 영혼, 고인의 정수를 살아 있는 사람의 몸으로 옮기기 위한 의도로 사용되었다고 볼 수 있다.

예를 들어 식인 풍습을 따르는 인도의 아고리(Aghori) 승려들을 보자. 그들의 식인 풍습 때문에 그들에게는 좋은 식사 재료를 찾을 목적으로 묘지를 서성거린다는 등의 불쾌한 이야기들이 많지만, 이것은 아고리 승려들의 식인 풍습을 성스러운 것으로 밝히고 있는 여러 권위 있는 자료들과는 정확히 상충하는 내용이다.

이 자료들에 따르면, 아고리의 식인 풍습은 죽은 이들이 원하지 않는 환생을 하지 않도록 보호하기 위한 의식이다. 아고리 승려들은 고인의 영혼이 산 사람의 몸에 들어가지 않으면 곤충이나 개구리 몸 안으로 들어가게 된다고 믿는다. 그들에게 식인 풍습은 승려 간의 결속을 굳건히 다지기 위한 의식이기도 하다. 아고리 승려들은 영적 지도자가 죽으면 그 살점을 젊은 승려에게 준다. 신이 그들의 관계를 더욱 굳건히 해주실 것이라는 축복의 의미다.

서양 문화권에 속한 사람들은 종종 식인 풍습을 인간이 상상할 수 있는 최악의 행위로 간주한다. 이것은 다른 문화에서 식인 풍습이 가지는 목적 즉, 죽은 자를 돕고 죽은 자의 영혼을 보호하며 사람들을 하나로 연결하고자 하는 의도는 전혀 고려하지 않는 독단적인 태도다.

우리 중에도 역시 이들과 마찬가지로 편향된 사고 안에서 생각하는 사람들이 많다. 나의 미국인 친구 하나는 섬세하고 예민한 감성의 소유자인데, 그녀 역시 아버지가 돌아가실 때 아버지의 육신을 먹어야 하지 않을까 생각했다고 고백했다. 그것이 아버지를 잘 모시는 길이고, 나아가 아버지를 보호하는 길이라고 믿었기 때문이다.

나와 아주 가까운 친구는 아들이 에이즈에 걸려 죽었다. 나와 친구는 그 애가 생전에 좋아했던 벤치가 있는 해변으로 가서 뼛가루를 함께 뿌리기로 했다. 친구는 아들의 재를 뿌리기 직전에 손가락을 입으로 한 번 빨더니 그 손가락을 유골함에 집어넣었다. 그러고는 아들의 재가 묻은 손가락을 다시 자신의 입속으로 집어넣었다. 엄마는 자신의 몸속에 아들을 보호하고 간직하고 싶었던 것이다.

어떤 면에서 우리 모두는 사랑하는 사람을 자신 안에 남기고 싶어 한다. 내가 잠결에 "엘리자베스야!" 하는 할머니의 음성을 들은 것도, 돌아가신 지 거의 30년이 지난 할머니가 여전히 내 안에 계셨기 때문이다. 우리는 그렇게 죽은 사람들이 우리 안에 살아 있다고 느낀다. 마음 깊은 곳에.

화장 풍습은 각기 다른 시대에 서로 다른 문화에서 나타났다. 화장 풍습을 가진 문화들이 서로의 문화를 보고 학습한 것으로 보이지는 않는다. 인류 역사상 첫 번째 화장은 약 4천 년 전에 오스트레일리아에서 행해졌고, 오랜 시간이 지난 후 중동 지방 전역에서 간헐적으로 행해졌다.

하지만 나중에 중동 지역의 문화에서는 화장이 금지되었다. 아주 오랜 옛날에는 화장을 적극적으로 행했던 유대교가 시간이 지나 이를 금지한 것이 하나의 예다. 기독교 역시 화장을 금했다. 기독교는 우리가 죽은 뒤 천국으로 올라가거나 지옥으로 떨어진다는 특별한 사후관을 가지고 있다. 그런데 만약 우리가 지옥으로 떨어지면 어떻게 될까? 우리의 몸뚱이 대신 뼛가루가 지옥으로 떨어진다면 악마는 어떻게 생각할까? 악마가 우리를 고문할 수도 없을 것이다.

로마인들은 매장과 화장 방식을 모두 따랐다. 어떤 사람은 땅에 묻고 어떤 사람은 화장하는 방식이었는데, 상류층은 화장을 했고 소작농들은 매장되었다. 매장 방식을 원시 시대 풍습이라 여겼기에 하류층 사람들에게 적합하다고 생각한 것이었다. 그리스는 한 번에 두 가지 방식을 동시에 사용했는데, 시신은 화장하고 그 재는 항아리 같은 용기에 넣어 땅에 묻는 방식이었다.

힌두 문화에서는 화장을 매우 중요시했다. 그래서 갠지스 강을 따라 많은 화장장이 생겨났다. 오늘날에도 버닝 가트(Burning Ghat, 시신을 태우는 계단이란 뜻 — 옮긴이) 즉, 화장장은 갠지스 강둑을 따라 세워져 있으며 시신의 재는 갠지스 강에 뿌려진다. 영혼이 강으로부터 솟아올라 하늘로 간다고 믿기 때문이다. 영혼이 천국에 영원히 머문다는 점에서, 이것은 기독교의 영생 관념과 흡사하다. 환생을 막는 또 하나의 방법인 것이다.

유럽 곳곳에서 특히 영국에서는 사람을 나무 기둥에 묶어

불태워 죽이는 방식으로 처형했다. 그래서 아마도 이런 역사 때문에 화장이 대중적으로 인정받지 못하고 서서히 사라진 것으로 보인다. 그런데 화장에 찬성하는 어떤 사람이 말하기를, 화장은 살아 있는 사람을 성급하게 매장해버리는 실수를 막을 수 있는 방법이란다. 나는 그의 말이 더 소름끼쳤다. 성급한 매장이 성급한 화장보다 더 낫지 않은가?

유럽 곳곳에서 화장 방식이 다시 시작된 것은, 인구 증가와 사망자 수의 증가가 주된 요인으로 보인다. 매장으로 땅이 오염되면서 화장 방식이 공공 건강과 위생에 적합한 방법으로 떠올랐기 때문이다. 물론 사람들이 즉시 받아들인 것은 아니다. 불법 화장이 드문드문 행해지다가 마침내 법으로 통과되었고, 공식적으로 1885년에 합법적인 매장으로 인정되었다.

미국에서도 대략 이 시기부터 화장 방식을 고려하기 시작했다. 천주교는 화장에 반대했지만 개신교에서는 허용했다. 개신교는 하나님이 언제나 원하시는 대로 할 수 있으며 화장된 영혼이라도 부활시키실 수 있다고 믿기 때문이다. 천주교는 이에 대해 회의적인 입장이었지만, 1963년 교황 바오로 6세가 화장 금지령을 해제했다.

오늘날 미국 전역에서 화장은 법적으로 허용되고 있고, 점점 더 많은 사람들이 택하고 있다. 2018년 통계 조사에 따르면, 2020년 사망자의 절반 이상이 화장을 선택할 전망이다.

시신을 자연에 그대로 방치했던 시대와 자연 매장이라는 지극히 단순한 방법으로부터 우리는 실로 먼 길을 왔다. 소수의 문화권만 제외하고 시신의 자연 방치는 최소한의 문화 규범이라는 틀 아래 거의 사라졌다. 그리고 지금까지는 그 자리를 매장이 차지해왔지만 이제 몇몇 나라에서는 화장이 우위를 점하고 있다.

더욱이 우리는 새로운 장례 방식을 개발하면서 다시 앞으로 나아가고 있다. 그 방식을 부르는 이름은 여러 가지인데, 그중 하나가 '용해'다. 이미 다른 폐기물은 이 방식으로 처리되고 있다. 광우병 확산 방지를 위해 병에 걸린 소들을 폐사 처리하는 데도 사용되었다.

나는 나 자신에게도 이런 방법을 쓸 수 있을지 고심하다 인터넷에서 〈매장과 화장에 대한 대안(An Alternative to Burial and Cremation Gains Populatiry)〉이라는 사이트를 발견했다. 거기에 적힌 소개 내용은 이러하다.

"15개 주 특히, 캘리포니아주에서는 알칼리 가수분해(Alkaline hydrolysis)라는 방식을 통해 인간 시신을 용해하는 것을 합법적으로 허용하고 있다."

알칼리 가수분해란 고압의 통에 시신과 함께 물, 포타슘(Potassium, 칼륨을 의미함―옮긴이), 수산화물을 넣고 150도의 온도에서 세 시간 동안 가열하는 방법이다. 그러면 뼈는 부드러워지고 다른 모든 것들은 액체 상태로 변한다. 이것들을 다시 미세한 가루로 잘게 부순다. 화장 후에 남는 재처럼, 유족은 가루 상태의 시신을 받게 된다. 화장할 때 연기가 굴뚝을 타고 올라가듯이 액화될 때의 찌꺼기는 하수도를 타고 흘러나간다.

우리 몸의 분자가 연기가 되어 하늘까지 올라간다는 건 납득할 수 있지만, 내 몸의 분자들이 액체로 변해 하수구로 흘러 내려가는 걸 상상하면 찝찝한 기분이 든다. 나는 내 육신의 조각들이 하수구를 따라 흘러내려 갈 때 하필 이웃사람의 설사로 가득 찬 변기의 물을 내리는 것을 상상해보았다.

환경오염에 대해서는 어떨까? 인간의 몸을 녹인 액체는 심각한 환경오염 유발 물질이 될 수도 있다. 그리고 단지 하수구에만 머무는 것이 아니라 결국 바깥세상으로 새어 나가지 않는가. 그럼에도 용해를 합리화하는 최선의 논리는, 용해가 화장을 포함한 거창한 장례식보다 비용적인 측면에서 훨씬 저렴하다는 것이다. 하지만 어느 한 곳의 시신 용해 비용은 1,800달러에서 3,000달러까지 들었다. 그렇다면 아무리 일반적인 용해 방식의 장례를 택한다 해도 화장과 비슷한 비용이 든다.

관계자들 역시 이런 문제점을 파악하고 있다. 그래서 용해 방식의 홍보를 위해 용해를 '가수 분해 화장(Hydro Cremation)'이라는 멋진 이름으로 부르기 시작했다. 생각해보면 우리는 실제 내용이 실망스러울 때, 또는 어떤 물건이 사람들의 혐오를 불러일으킬 때, 그것에 자연친화적이고 전문적으로 들리는 이름을 붙여주지 않았던가.

하지만 누가 알겠는가? 화장도 한때 사람들에게 두려움과 불쾌한 감정을 유발하는 방식이었지만, 이제 많은 사람들이 선택하고 있다. 게다가 사랑하는 사람을 불에 태우는 것보다 물로 녹인다는 게 조금 더 좋게 들리는 것 같지 않은가? 어쩌면 머지 않은 날, '가수 분해 화장'이라는 쿨한 이름으로 더 많이 알려진 이 방식이 우리에게 최선의 방식이 될 수도 있다. 물론 나에게는 아니겠지만.

마지막으로 죽음을 처리하는 여섯 번째 방식에는 친환경 장례에서 영감을 받아 고안된 방식이 있다. 시신을 처리하는 가장 최신의 방법이지만 어떤 사람들에게는 가장 단순하며 가장 고대의 방식처럼 보일 수도 있다. 이것은 '인간 퇴비화'라고 불리는 방법인데, 여기에 필요한 것들로는 짚과 자주개자리풀, 우드칩, 흙속에 사는 일반적인 토양 미생물이 있다.

이 모든 것들을 시신과 함께 널따란 상자에 넣고 한두 달 정도 기다리면 인간 퇴비가 만들어진다. 이 인간 퇴비는 정원이나 텃밭 가꾸기에 사용할 수 있다. 마트에서 구할 수 있는 표토와 성분이 같기 때문이다.

인간 퇴비화 장례는 리컴포즈(Recompose)라는 회사에서 제공한다. 장례식까지 포함하여 퇴비화 과정 전체에 들어가는 비용은 약 5,500달러 정도다. 이는 화장보다는 많이 비싸지만 일반 장례식보다는 훨씬 저렴한 가격이다. 그리고 시신 처리의 모든 근대적 방법 중 가장 친환경적인 방법이며, 비싼 값어치를 충분히 할 수 있는 방식이다. 이 방식이 사람들에게 받아들여질까? 당연히 언젠가는 그럴 것이라고 생각한다.

이 퇴비화 방식은 이미 농장 가축을 처리하는 데 사용되고 있다. 사실, 이것은 가축들보다 훨씬 더 오래전에 있었던 방법이다. 어떤 것이 퇴비로 변화는 과정은 이 땅에 생명이 생겨난 이후로 매일매일 진행되는 과정이 아니었겠는가?

15장

죽음을 대하는
우리들의 방식

오늘날 시신 처리 방식의 선택은 어느 정도 금전적인 면으로 설명될 수 있을 것 같다. 여기서 장례식의 문제점이 대두된다. 고인에 대한 존경을 표하기 위해 세계의 많은 문화에서 장례식을 연다. 미국에서는 장례식장이 요구하는 엄청난 가격 때문에 주택 구입비와 자동차 구입비 다음으로, 장례비가 미국 가정의 세 번째 지출을 차지한다고 한다.

장례 산업은 이를 부인하고 있지만, 우리는 어렵지 않게 그 사실을 확인할 수 있다. 이 글을 쓰는 지금, 내가 사는 뉴햄프셔주의 힐스버러 카운티에서 가장 비싼 집은 대략 70만 달러 정도다. 물론 훨씬 더 비싼 집들도 많겠지만.

새 차 구입비로는 평균 25,000달러에서 30,000달러 정도가 든다. 그리고 지극히 평범한 장례식의 경우 15,000달러 이상의 비용이 든다. 화려한 장례식이라면 훨씬 많은 돈이 들

것이다. 로널드 레이건 대통령 장례식에는 4억 달러가 들었다고 한다.

성대한 장례식에는 운구 차량의 퍼레이드와 이별 예식이 필요하다. 그게 아닌 일반적인 장례식에도 묘 자리 구입비가 필요하고, 장의사 비용과 철제나 마호가니 나무로 관을 짤 비용도 필요하다. 여기다 시신을 방부 처리하고, 시신이 마치 잠들어 있는 것처럼 보일 수 있게 화장을 하는 데도 돈이 든다. 비싼 꽃으로 만든 화려한 꽃다발을 준비하고, 정갈하게 옷이 입혀진 시신을 친구나 친척들이 마지막으로 볼 수 있는 장소도 빌려야 한다.

장례식 자체에 대한 비용도 필요하다. 무덤을 열어놓아야 하고 영구차를 빌려 관을 묘지로 운구해야 하며, 유족이 타고 갈 리무진도 빌려야 한다. 그런 다음 무덤을 덮고 사망 증명서를 받고, 부고기사를 내면 모든 일이 끝난다. 문제는, 그 모든 과정 하나하나에 돈이 들어간다는 점이다.

이런 무시무시한 정보를 포함해서 미국의 장례 문화에 대한 정보를 더 많이 알고 싶다면 제시카 미트폴드(Jessica Mitfold)의 《죽음을 대하는 미국인의 방식(The American Way of Death Revisited)》이라는 책을 참조하기 바란다. 이 책은 현대 미국 역사상 가장 중요한 책 중 하나다. 슬픔에 잠긴 가족들의 가장 취약한 순간을 틈타 무자비하게 갉아먹는 장례 산업을 정확하게 포착했기 때문이다.

물론 모든 장례식장이 이런 죄악을 저지르는 것은 아니다. 도시 근교에 위치해 있지 않거나 개인 소유가 아닌 곳, 또는 거대 장례회사가 운영하지 않는 곳이라면 이야기는 약간 달라질 수도 있다. 하지만 대부분의 장례식장들은 내가 말한 대로 사악한 죄를 저지르고 있다.

우리 대부분은 장례식에 어떤 것들이 필요한지 잘 모른다. 가족 중 누군가 죽으면, 우리는 사랑하는 사람을 보살피던 상태에서 시신을 처리하는 상황으로의 변화를 겪는다. 그리고 예전에 가본 적 있거나 자신의 종교에 부합되는 장례식장, 그것도 아니면 지나다니다 우연히 본 적이 있는 장례식장에 모든 걸 맡긴다.

우리는 집이나 자동차를 구입할 때 여기저기 돌아다니며 가격을 비교한다. 하지만 장례식장에 대해서는 그렇게 하지 않는다. 사랑하는 사람의 죽음은 심각한 문제이기 때문에 즉각적인 대처가 필요하다. 뭔가 원하는 걸 살 때와는 정반대의 일인 셈이다. 그렇기에 우리는 익숙하다는 것 말고는 다른 것은 전혀 모르는 장례식장을 고르고 나면, 거기서 제시하는 모든 조건과 그들이 말하는 모든 내용을 곧이곧대로 받아들인다.

장례식이 끝난 후에도 다른 사람들에게 우리가 겪은 일들을 말해줘야겠다고 생각하지는 않는다. 모든 게 다 일반적인 수준으로 진행되었다고 생각하기 때문에 자신의 경험을 다른 사람들에게 알려줄 필요성을 느끼지 못하는 것이다.

나는 장례식을 원하지 않는다. 남편도 마찬가지였다. 나는 남편처럼 화장을 원한다. 내 경우는 지역 화장장협회를 이용하는 게 최선의 방법일 것 같다. 딱 필요한 절차만 진행할 수 있고, 가격도 무척 합리적이기 때문이다. 이것은 내가 살고 있는 지역의 개인 장례식장과는 큰 대조를 이룬다. 그곳에서도 화장을 할 수 있지만 가격이 두 배나 비싸다. 하지만 이것도 《죽음을 대하는 미국인의 방식》에 묘사된 터무니없이 비싼 장례식장에 비하면 훨씬 저렴하다.

우리는 예전에는 이런 종류의 책들을 읽지 못했다. 남편도 전혀 몰랐고 나 역시 몰랐지만, 나는 지금 이 책을 쓰고 있는 덕분에 읽을 수 있었다. 그런데도 남편은 장례식장의 기막힌 비용에 대해 이미 감정이 좋지 않았다. 그리고 남편이 우리 가족 중 첫 번째로 세상을 떠난 사람이었기에, 다행히 나는 그의 뜻대로 합리적인 장례를 진행할 수 있었다.

남편을 위해서가 아니었다면, 나는 화장을 택하지는 않았을 것이다. 45킬로그램의 인간 몸뚱이가 완전히 소각되는 데 1시간이 걸린다. 나는 약 58킬로그램 정도이니 아마 1시간 15분쯤 걸릴 것이다. 나는 완전히 죽지 않은 채로 내 몸뚱이가 화장로 안으로 들어가는 상상을 해보았다. 정신을 차리고 보니 내가 불 속에 들어가 있으면 어떻게 하지? 화장로 벽을 미친 듯이 두드리며 살려달라고 소리치는 내 모습이 떠오른다.

하지만 시신의 방부 처리에 대해서 알게 된 후, 기분이 더 안 좋아졌다. 우선 시신의 혈관에 튜브를 꽂고 독한 화학 물질을 넣어 온몸의 피를 모두 씻어낸다. 만약 방부 처리하는 동안 시신이 잠에서 깨어 일어나면 어떻게 한단 말인가. 몸의 부패를 막는, 또는 그렇다고 하는 화학 약품이 이미 몸 안에 들어갔는데 말이다.

방부 처리는 간혹 '영원한 보존 방법'이라 알려져 있지만 그건 사실과 거리가 멀다. 시신에 방부 처리를 해도 시간이 지남에 따라 부패는 진행된다. 부패가 시작될 쯤이면 시신은 관 속에 눕혀지고, 관이 축축한 땅속으로 들어가면서 부패는 본격적으로 심해질 것이다.

나로 말하자면, 나는 일반적인 장례식을 하게 될 줄 알았다. 사람들이 다 그렇게 하니 말이다. 당신도 그렇지 않은가? 하지만 그때는 내가 화장 방식을 무서워했고 시신 방부 처리에 대해서도 아무것도 모를 때였다. 남편의 화장을 고심하다 그제야 비로소 우리가 이틀 정도 시신을 모시고 있다가 화장을 한다는 걸 알게 되었다. 생명이 완전히 끊어지면 몇 시간

이내에 사후 강직으로 몸이 뻣뻣해지고, 이틀이 지나야 경직이 풀리기 때문이다.

남편은 죽기 오래전에 이미 자신이 원하는 것을 알려주었다. 이제 나도 남편과 같은 것을 원한다는 걸 깨달았다. 화장은 확실히 관 속에 들어가는 것보다 훨씬 나은 방법이다. 다른 사람들도 묻혀야 하는데, 내 몸뚱이가 그대로 관에 들어간다면 우리 가족 묘지에서 너무 많은 자리를 차지하게 될 테니 말이다.

처음에 남편과 나는 우리 부부의 뼛가루를 숲속에 뿌리기로 계획을 세웠었다. 하지만 요즘 세상에 영원한 것은 없다. 우리의 뼛가루도 파이프라인이나 고속도로 아래로 흘러갈지 모를 일이다. 그런 점에서는 묘지가 훨씬 나은 선택이었다. 신성한 땅이니 원치 않는 방해를 받을 일도 없다. 사랑하는 고인들이 안전하게 쉴 수 있고, 묘비에서 우리 이름을 볼 수도 있다. 그렇다고 뼛가루를 다른 곳에 뿌리는 게 무슨 문제라는 뜻은 아니다. 그저 우리는 우리의 뼛가루가 묻힐 곳으로 묘지를 선호한다는 말이다.

친환경 장례법인 인간 퇴비화 방식은 어떨까? 만약 인간 퇴비화 방식이 이미 실용화되었다면 말이다. 그렇다면 여러 가지 이유로 좋은 선택이 될 것이다. 장례에 참여하는 모든 사람들에게도, 환경에게도, 부패를 촉진하는 미생물에게도 유익하기 때문이다. 뿐만 아니라 시신을 직접 처리하는 사람에게도 아무런 위험을 끼치지 않는다. 방부 처리에 사용되는 화학 약품은 장례사들에게 암이나 루게릭병을 유발시킬 수도 있다고 한다.

과거로부터 이어지는 전통에는 그럴 만한 충분한 이유가 있다. 특히 죽음과 노화에 대해서는 더욱 그렇다. 대부분이 소박하고 평화로운 전통이다. 지금까지 내가 죽음에 대해 가장 아름답고 가장 위안이 되는 경험을 한 것은, 이웃에 살던 친구 리사가 오랜 병고 끝에 삶을 마무리할 때였다.

그녀의 시신이 수수한 나무 관에 안치되었고 그녀를 알고 사랑했던 사람들이 며칠 밤낮을 돌아가며 그녀의 옆을 지켰다. 리사는 절대 혼자가 아니었다. 친구 사이 몽고메리와 나도 동참했다. 리사 옆에 조용히 앉아 고인을 추모하며, 우리가 그녀를 얼마나 그리워하는지 다시 생각해보았다.

그녀를 사랑했던 다른 사람들의 목소리도 들었다. 깊은 평화가 깃든 굉장한 경험이었다. 지극히 개인적인 순간이기도 했다. 일반적인 장례식에서 자주 보이는 형식적이거나 경직된 겉치레는 선혀 찾아볼 수 없었다.

나중에 나는 '둘라(Doula)'에 대해 알게 되었다. 마침 친구인 디아나가 둘라였는데, 이들은 인생에서 가장 중요한 두 번의 전환의 시기에 함께했다. 바로 출생으로 생명을 얻을 때와 죽음으로 세상을 떠날 때 남은 사람들이 변화에 잘 대처할 수 있도록 돕는다. 디아나는 임종 직전의 사람들을 돕는 장례 둘라, 또는 임종 도우미였다. 일이 닥치면, 그녀는 사람들에게 자신이 어떤 도움을 줄 수 있는지 자세히 알려주었다.

우리가 질병을 오래 앓다가 죽음에 가까워질 때가 되면 이런 도움이 절실한 순간이 온다. 죽음을 향한 과정은 우리가 사랑하는 사람 때문에 더 힘들어질 수도 있는데, 그들이 우리를 떠나보내기를 원하지 않기 때문이다.

이것은 지극히 자연적이며 일반적인 현상이다. 그들은 지금 벌어지는 일들을 계속 자각하게 만들거나, 또는 우리가 함께했던 즐거운 일들을 떠올리게 만든다. 마치 떠나지 말라고 애걸하듯 우리에게 너무 밀착되어 있어, 그것이 죽음을 앞둔 당사자를 더 힘들게 한다. 그래서 둘라는 남아 있는 사람들로 하여금 고인이 인생 마지막을 잘 정리할 수 있게 도와준다.

디아나는 우리가 생명의 다섯 가지 요소인 땅, 공기, 공간, 불, 물이 하나로 이루어진 복합체이며, 우리는 결국 그중에서 가장 가벼운 공간 속으로 녹아 사라진다는 고대의 가르침을 알려주었다.

일반적으로 둘라는 다양한 방식으로 유족을 도와 고인이 이 과정을 잘 끝낼 수 있도록 돕는데, 그중 하나가 바로 유족들이 죽어가는 사람과 호흡을 같이 하도록 가르치는 일이다. 이것은 곧 죽음을 맞게 될 우리를 좀 더 여유롭게 만들며, 좀 더 천천히 그리고 깊게 호흡할 수 있게 해준다. 그럼 우리 몸 은 아주 부드럽게 공간으로 스며들 수 있다. 그래서 모든 게 텅 비워진 몸으로 이승을 떠나게 만든다.

나는 내 자신이 화장이 되는 상상을 종종 했다. 주로 방부 처리가 되어 화장로 안으로 밀어 넣어지는 상상이었다. 하지 만 이제는 사람들과 똑같은 리듬으로 호흡하며 천천히 공간 으로 변하는 상상을 한다. 내 숨이 작아지고 느려지면서 공간 은 점점 더 크고 넓어진다. 그리고 숨이 멈추면 그것과 동시 에 내 몸이, 아니 내가 된 공간이 계속 남아 있게 된다.

공간으로서 우리는 사흘을 보낸다. 많은 가족들이 고인을 마지막으로 볼 수 있는 조문 기간을 가지는데, 그 기간이 대 략 사흘이다. 당신을 사랑한 사람들이 번갈아 자리를 지키며 사흘이 지나가면, 바로 당신 자체였던 공간이 서서히 사라진 다. 제일 마지막에 남는 건 그저 죽은 몸뚱이뿐이다.

둘라가 없다면, 죽음을 경험하는 일이 완전히 다른 이야기 가 될 수도 있다. 아마도 대부분 그다지 좋은 경험은 아닐 것 이다. 우리도 둘라가 있었다면 남편의 죽음이 끔찍한 악몽으 로 끝나는 걸 막을 수 있었을 것이다. 절대 나를 위해서가 아 니라 나의 남편을 위해서 말이다.

남편은 삶에서 죽음으로 가는 순간을 병원에서 맞았다. 그때 나는 남편의 생명을 연장시켜야 할지, 아니면 그대로 보내주어야 할지 선택의 기로에 서 있었다. 남편을 살아 있게 하려면 그의 몸에 여러 장비를 주렁주렁 달아야 했고, 나중에는 커다란 산소 탱크까지 달고 있어야 했다.

남편은 급격하게 쇠약해졌다. 몸을 움직일 수도, 말을 할 수도, 음식이나 물을 먹을 수도 없었다. 숨도 혼자 쉴 수 없는 지경이었다. 그의 상태는 절대 호전되지 않을 것이 분명했다. 오직 남편의 뇌만이 제대로 움직이고 있었는데, 그게 바로 루게릭병의 끔찍한 점이었다.

나와 아이들은 남편이 자기 몸 안에 갇힌 채 자신의 뛰어난 뇌가 생각해낸 것을 사람들과 소통하지 못하고, 오로지 기계에 의지해 숨을 쉬는 모습을 지켜봐야만 했다. 우리의 결정을 평생 후회하게 될 것을 잘 알고 있었지만, 뼈를 깎는 심정으로 남편에게 더 이상 고통을 주지 않기로 했다.

남편의 마지막에 대해 내가 기억하는 것은 이렇다. 가족의 결정을 의사에게 알린 후, 나와 아이들은 간호사 두 명과 병실로 들어갔다. 간호사들은 서로 명랑하게 웃고 이야기를 주고받으며 남편의 목숨을 연명시켜 주었던 기계들을 떼어내기 시작했다. 그의 명징한 머리가 지금 자신에게 무슨 일이 일어나고 있는지 알았을까? 내가 기억하기로, 간호사들은 남편의 맥박이나 호흡을 전혀 확인하지 않았다. 나중에 알고 보니 간호사들은 그것을 분명히 확인했어야 했다. 병실을 나가면서 그중 한 간호사가 어깨너머로 우리를 바라보며 해맑게 이야기했다.

"돌아가셨어요."

그게 사망 선고였다. 그리고 그들은 황급히 병실 밖으로 나가버렸다. 하지만 나의 딸과 아들은 이때를 좀 다르게 기억하고 있다. 남편이 그렇게 금방 떠나지 않았고, 그래서 우리가 그의 손을 잡고 그를 얼마나 사랑했는지 다정하고 세세하게 이야기해줄 수 있었다고 했다. 아마 아이들의 기억이 맞을 것이다. 내가 기억하는 것은 모두 공포뿐이었으니.

최소한 남편은 의식이 없었거나 거의 혼수상태였고, 그때 우리가 그의 장비를 떼어냈을 것이다. 오직 한 가지 위안이 되는 건, 남편이 루게릭 진단을 받은 후부터 계속 치료를 해주었던 신경과 의사가 우리의 선택이 두말할 필요 없이 옳았다고 말해준 것뿐이었다. 물론 의사의 말이 사실일 수도, 거짓일 수도 있다. 하지만 이미 결정을 내린 일에 대해 그가 뭐라고 말하겠는가? 그저 우리의 선택이 옳았다고 생각하면 큰 안심이 된다. 그래도 그 순간을 생각하면 늘 마음 한쪽이 아려온다.

남편의 죽음을 생각하면 오랫동안 나의 일을 돌봐주었던, 나에겐 둘도 없는 친구 벨라의 죽음도 함께 떠오른다. 그녀의 온몸에는 이미 암이 퍼질대로 퍼져 있었고, 그녀 스스로 이제 머지않았다고 사람들과 이야기를 하며 서서히 죽음의 단계로 옮겨가고 있었다. 제일 마지막 순간, 벨라는 앰뷸런스를 요청했다. 자기 목숨을 구하기 위해서가 아니라 남편과 함께 자는 침대에서 죽고 싶지 않았기 때문이었다. 그럼 남편이 잠들 때마다 슬픈 생각에 빠질 테니 말이다.

또 벨라는 식구들이 자신의 죽음을 목격하는 걸 원하지 않았거나, 아니면 식구들이 시신 처리로 힘들어할 일을 염려했던 것 같다. 아니, 이 모든 일들을 걱정했을 것이다. 앰뷸런스가 집에 도착했고, 벨라는 앰뷸런스 안에서 병원으로 이송되던 중 유명을 달리했다.

벨라는 용감했다. 그녀는 다른 사람을 먼저 걱정했다. 하지만 둘라가 있었다면, 그렇게 중요한 순간에는 다른 누구보다 벨라 자신을 생각하는 게 가장 중요하다고 알려주지 않았을까. 다른 친한 친구가 병원에서 돌아가신 자신의 아버지 이야기를 해주었다. 그의 경험은 특히 더 가혹하게 들렸다. 아버지는 앞으로 어떻게 될지 너무나 잘 알고 있었고, 피를 토하고 숨을 헐떡이면서도 살아 있기 위해 발버둥을 치다가 돌아가셨다고 한다.

둘라가 있었다면, 이들 세 사람을 모두 도와줄 수 있었을 것이다. 만약 고인들이 사랑하는 사람들과 조용히 마지막을 보낼 수 있었다면, 그리고 앞으로 닥칠 일을 알고 순순히 받아들일 수 있었다면, 고인들은 편안하게 공간 속으로 녹아 들어가 부드럽게 생을 마감할 수 있었을 것이다.

16장

생의 마지막
순간에 대하여

죽어가는 환자를 치료하는 일은 아주 중요하다. 그리고 남겨진 가족을 치료하는 일도 똑같이 중요하다. 환자는 가족이나 친구들에 둘러싸여 생의 마지막을 맞이할 것이고, 가족이나 친구들은 막 일어난 일을 어떻게든 잘 헤쳐 나가기 위해 노력할 것이다.

사망은 공식적으로 선고되어야 하는데, 여러 사람이 사망 선고를 내릴 수 있다. 의사와 간호사, 구급차로 이송 중일 때는 응급의료팀도 선고를 내릴 수 있다. 환자가 병원에서 사망하면 일반적으로 의사나 간호사가 선고를 내린다. 집에서 사망한다면 호스피스 간호사가 사망 선고를 내릴 수도 있다.

그런데 환자가 병원에서 사망한 경우라도 사망 선고가 대충 이루어질 수도 있다. 나의 남편이나 아버지의 경우를 보면 그랬다. 아버지의 경우, 키가 크고 새파랗게 젊은 의사가 병실로 불쑥 들어오더니 아버지의 몸에 연결된 기계들을 살펴보고는 뭔가 바쁜 일이 있는 듯이 우리를 쳐다보며 말했다.

"환자의 사망을 선고합니다."

그러고는 휙 돌아서 병실을 나가버렸다. 의사는 기계만 확인했을 뿐, 아버지의 손목을 짚으며 맥박이 정말 멈추었는지 확인하지도 않았다. 가끔 기계도 오작동을 하기 때문에 의사는 아버지의 맥박을 확인하는 게 맞을 것이다.

인터넷에는 의사가 틀린 선고를 내린 이야기들이 차고도 넘친다. 호스피스 간호사로 일하는 내 친구 낸시 역시 정말로 그런 일이 일어난다고 말해주었다. 의사의 잘못된 사망 선고를 방지하려면, 의사가 기계에만 의존하지 말고 실제 환자의 몸을 살펴야 한다고도 했다. 이 말은 어떤 사람들에게 잘못된 선고가 내려졌을 수도 있다는 뜻이었다. 남편이 죽었을 때, 나는 이런 사실을 알지 못했다.

어머니의 사망 선고는 호스피스 전문 간호사들이 했다. 간호사들은 경건하고 조용하게 어머니의 맥박과 호흡을 살핀 뒤 선고를 내렸다. 하지만 바로 옆에 붙은 욕실로 들어가 찬장에 놓인 약품을 수거하는 내내 간호사들은 명랑하게 웃으며 수다를 떨었다. 남편이 죽을 때 의료 장비들을 남편 몸에서 떼어내던 간호사들처럼 말이다.

나는 왜 간호사들이 어머니의 찬장을 비우는지 이유를 몰랐다. 간호사들은 반드시 그렇게 해야 한다고만 말했다. 나중에 알고 보니 혹시 남아 있을지 모르는 마약성 진통제를 수거하기 위해서라고 했다. 알약 한 알이 암암리에 80달러에 거래되기 때문에 유족들이 진통제를 몰래 빼돌릴 수 있기 때문이었다.

어머니도 얼마간 심한 고통에 시달렸기 때문에 진통제 처방을 받았었다. 알약은 작은 통에 담겨져 있었는데, 간호사들은 찬장에 놓여 있는 모든 물품을 치워버렸다. 너무 야멸스럽고, 또 전혀 필요 없는 조치 같았다. 유족들이 마약성 진통제를 빼돌리려고 마음먹었다면 호스피스 간호사들이 도착하기 전에 이미 치워버렸을 것이다. 하지만 나는 간호사들이 하는 일에 일절 신경 쓰지 않았다. 그러면서 생각했다. '가져가고 싶으면 치약도 가지고 가시던가.'

그런 사려 깊지 못한 사망 선고자들이 있다 해도 마지막 순간은 자기가 사는 동네에서, 그리고 집에서 맞는 것이 최선이라고 생각한다. 나는 이를 친구 낸시를 통해 알게 되었다. 낸시는 앞서 말했던 무심한 의사들이나 간호사들과는 정반대로 예민하고 사려 깊으며, 자신이 선고를 내려야 하는 환자의 가족을 존경하는 사람이었다.

낸시가 어느 침실에서 환자가 가족에 둘러싸여 사망하는 순간을 함께했을 때였다. 낸시는 자신이 지금부터 무슨 일을 할지를 유족에게 말해주고, 유족의 도움이 필요한 내용을 종이에 적어 알려주었다고 한다. 그래서 낸시가 아니라 유족 중한 사람이 진통제와 다른 약품을 모두 수거했다. 낸시의 방법은 쓸데없는 간섭을 하거나 주제넘지 않았다. 낸시는 약품수거가 정확하게 이루어지는지 확인하기 위해 뒤쪽에서 내내 서 있기만 했을 뿐이었다. 물론 약품을 수거하기 전에 우선 환자의 사망 선고부터 내려야 했다. 낸시는 이때 실수하기가 굉장히 쉽다고 했다. 삶과 죽음 사이의 선은 너무 가늘어서 모든 신호를 다 확인해야 한다고 했다.

낸시는 환자의 눈앞으로 물체가 지나갈 때 동공이 움직이지 않는지 반드시 확인했다. 환자의 맥박이 멈추었는지, 숨도 쉬지 않는지도 확인했다. 이런 모든 조사들, 특히 호흡 확인은 아주 세심하게 이루어져야 한다. 죽음으로 넘어갈 때의 환자의 호흡은 아주 약하고 느리기 때문이다.

나는 언젠가 낸시에게 호스피스 간호사로 가장 좋은 점이무엇이고, 또 나쁜 점은 무엇인지 물어본 적이 있다. 낸시는하루에 너무 많은 환자들을 봐야 해서 이 환자에서 저 환자로 정신없이 옮겨가야 할 때가 최악의 순간이라고 했다.

필요한 조치를 취한 뒤에 환자와 조금 더 시간을 보내기가불가능하기 때문이다. 환자의 생각을 알게 되면, 또는 환자에게 자신의 상태를 잘 알고 있는 누군가와 이야기할 수 있는 기회를 준다면, 환자를 더 잘 도울 수 있다고 낸시는 믿고 있었다. 자신이 너무 빨리 가버리면 환자들이 실망할 것이라고도 말했다.

가장 좋은 점은, 낸시의 말 그대로 환자가 '생의 마지막 순간의 대본을 쓸 수 있게' 도와줄 수 있는 점이라고 했다. 환자들은 병원보다는 집에 있어야 운신의 폭이 넓어진다. 자신이 원하는 대로 선택할 수 있기 때문이다. 매일, 또는 일주일에 한 번씩 호스피스 간호사의 방문도 지정할 수도 있고 어려운 치료를 받는 게 아니면 투약의 정도도 강하게, 또는 약하게 받을 것인지 환자가 선택할 수 있다. 원하면 여행도 갈 수 있다. 병원에서는 꿈도 꿀 수 없는 선택권이다.

낸시는 환자들이 죽음을 어떻게 인식하는지에 대해서도 세심하게 신경을 썼다. 그녀는 신앙심이 깊은 환자들은 대체로 죽음을 편하게 받아들이는 것을 보았다. 죽으면 천국에 간다고 믿기 때문이었다. 인생을 충실히 산 사람, 좋은 사람들에게 사랑을 받은 사람, 자기가 원하는 것을 모두 해본 사람 역시 죽음을 어렵지 않게 받아들였다.

또 낸시는 가족들이 '죽는다'라는 말이나 '죽음', '호스피스' 같은 말조차 사용하지 못하게 하는 집에도 가봤는데, 이처럼 환자나 가족이 준비가 안 되어 있을수록 모든 사람들에게 죽음은 아주 힘든 사건이 되었다고 했다.

낸시는 환자 가족들과 이야기를 나누며 앞으로 닥쳐올 일에 대한 준비를 할 수 있게 도왔고, 일이 끝나면 유족들은 낸시에게 모두 고마워했다. 사람들은 낸시에게 좀 더 차분하게 망자를 보낼 수 있었다는 감사의 뜻을 전했다.

17장

내가 쓰는
나의 부고기사

우리는 죽기 전에 미리 준비를 해야 한다. 우리가 사랑하는 사람들은 우리의 죽음에 대해 생각하고 싶어 하지 않는다. 그래서 죽음에 대한 준비도 되어 있지 않을 것이다. 내 경우도 그렇게 될까 봐 나는 내가 원하는 것을 미리 상세하게 기록해두었다. 나는 그걸 서류철 어딘가에 쌓아두지 않고 냉장고 앞문이나 부엌 벽에 붙여 두려 한다. 그럼 모든 사람들이 쉽게 발견할 테고, 그들에게 더 나은 생각이 없는 한 어떻게 해야 할지 잘 알려줄 수 있을 테니 말이다. 내용은 이렇다.

첫 번째 조언

우선 나는 죽는 걸 크게 상관하지 않는다. 사람들은 다 죽는다. 그리고 나는 너희들 마음속에 살아 있을 것이다. 하지만 가능하다면, 나는 병원이 아니라 집에서 죽기를 원한다.

그리고 낸시만큼 좋은 호스피스 간호사가 있으면 좋겠다.

아니 낸시가 아닌 다른 간호사면 좋겠다. 우리는 서로 너무 좋은 친구였기 때문에 나의 죽음을 선고하는 게 낸시에게 큰 슬픔이 될 수도 있겠다. 나는 낸시에게 나의 사망 선고를 부탁하는 상상을 하기도 했지만, 낸시가 너무 마음 아파할 것 같다.

그리고 나는 화장 방식을 원한다. 우리 지역 화장장협회를 먼저 알아보기를 바란다. 웹사이트가 있으니 가격도 확인해보거라. 화장 비용은 보통 1,200달러부터 시작하는데, 다른 장례 방법에 비하면 아주 저렴한 편이다.

만약 여의치 않으면 지역의 민간 장례식장 두 곳을 알아봐주기 바란다. 모두 화장이 가능한 곳이고, 가격도 합리적이다. 이 글을 쓰는 지금 보니 장례 비용이 대략 2,500달러 정도라고 되어 있다. 말도 안 되게 비싼 가격은 아니지만, 그래도 화장장협회보다 두 배나 비싸다. 내 뼛가루를 담을 용기로 항아리가 아니라 상자나 주머니를 요청하기 바란다.

두 번째 조언

우리 가족이 묻힐 묘지는 시에서 관리한다. 그리고 우리 가족 묘지는 내 이름으로 되어 있다. 시청의 담당자에게 확인하면 누구에게 무덤을 열어달라고 부탁하면 되는지 알려줄 것이다.

너희들이 내 유골을 한시적으로 보관할 수도 있다. 시어머니 유골함도 시아버지의 관으로 모실 때까지 몇 달 동안 나와 너희 아버지가 보관했다. 그러니 내 유골 주머니도 너희들이 원하는 만큼 보관하고 있다가 묻으면 된다. 내가 겨울에 죽는다면 봄까지 기다렸다가 무덤에 묻으면 될 것이다.

세 번째 조언

우리 가족 묘지의 비석은 우리 집 앞마당 가장자리에 있던 둥그런 돌을 가져다 만들었다. 나를 포함해서 우리 식구들 이름과 사망 날짜는 지역의 묘석 제작회사가 새겨주었다. 그 사람들이 잘 도와줄 것이다.

네 번째 조언

어느 시점에 가면, 아마 내가 죽은 뒤 2~3일쯤 후에 친지들이 함께하는 작은 모임이 필요할 것이다. 아버지 장례식 때도 그랬다. 아버지 때는 별채에 자리를 마련하고 샌드위치와 달걀 핑거푸드를 대접했다. 달걀 핑거푸드는 내 입으로 말하기는 좀 그렇지만, 아주 맛있었다. 내가 만들었잖니!

그때 여러 가지 쿠키와 탄산수, 차와 커피도 함께 대접했다. 물론 너희들은 그렇게 하지 않아도 된다. 만약 모임을 가지게 된다면, 모임 준비는 너희들이 원하는 대로 하면 된다.

다섯 번째 조언

지역 신문에 부고기사도 꼭 내주면 좋겠다. 내가 간단하게 내용을 적었단다. 이 내용 그대로가 아니라면 부고기사는 필요 없다고 편집자에게 꼭 말해다오.

엘리자베스 토마스 마샬이 ×월 ×일에 평화롭게 영면했다. 향년 ×세. 1931년 매사추세츠주 보스턴에서 태어난 고인은 이미 고인이 된 스티븐 토마스 씨와 행복한 결혼생활을 했다. 유족으로는 아들과 딸, 두 명의 손자, 세 명의 손녀, 한 명의 증손자가 있다.

고인과 식구들은 여러 지역에서 거주했으나 1935년부터는 캐나다 온타리오주 피터버러에서 거주해왔다. 고인은 시위원회와 시의회에 참여했으며, 시의회 이사로 15년을 일했다. 여성 이사로는 처음으로 임기를 완전히 마치고 퇴임했다.

고인은 평생 ×권의 책을 썼는데 대부분 논픽션이고, 두 권의 소설과 한 권의 크리스마스 이야기를 썼다. 고인의 저서 중 가장 유명한 책은 《개들의 숨겨진 사생활(The Hidden life of Dogs)》이다. 이 책은 뉴욕타임스 베스트셀러 리스트에 거의 1년이나 올랐고, 많은 수익을 내기도 했다.

고인이 남긴 가장 중요한 책은 《무해한 사람들(The Harmless People)》과 《오래된 방식: 첫 번째 인류에 관한 이야기(The Old Way: a Story about the First People)》이다. 모두 문명 접촉 이전의 수렵채집인인 산족에 관한 책이다.

우리 인류의 조상으로 알려진 산족은 아프리카 사바나 지역에 거주하고 있었다. 아프리카 사바나 지역은 인간이 신석기시대 이전부터 거주한 곳이다. 고인은 1950년대 그곳에서 산족과 3년을 같이 살았으며, 인류의 고대 조상 문화를 목격한 가장 마지막 학자에 속한다. 산족 문화는 이 세상에 알려진 가장 성공적인 문화가 분명하지만, 유감스럽게도 이제는 거의 사멸되었다.

※조의 화환은 정중히 사양합니다. 대신 칼라하리 부족 기금에 후원을 부탁드립니다(https://www.kalaharipeoples.org/)

마지막 조언

지금부터 말한 문제들은 중요하게 고려해주길 바란다. 만약 내가 일반적인 장례식을 원했다면 비용이 1만 달러만 들어도 행운일 것이다. 일반 장례에는 시신 방부 처리, 화려한 관, 조문을 받을 공간, 장례식, 나를 싣고 갈 장의차와 너희들을 묘지로 운반해줄 리무진, 묘를 여는 것은 물론이고 시신 매장까지, 이 모든 과정이 필요하기 때문이다.

하지만 나는 너희들이 그 돈으로 더 좋은 무엇인가를 하길 바란다. 탄자니아에 가서 물소 떼가 이동하는 것을 보는 것도 좋을 것이다. 나는 너희들의 마음속에 항상 살아 있을 것이니 너희들이 탄자니아에 가면, 나 역시 거기에 함께 있을 것이다. 그리고 내가 혹시 보지 못하는 것이 있을까 걱정 안 해도 된다. 나는 이미 물소 떼가 이동하는 것은 실컷 보았으니 말이다.

18장

내가 살아야 할 생을
잘 살아서 기쁘다

나는 내가 살아야 할 생을 잘 살아서 기쁘다. 설령 가능하다 해도, 나는 내 삶을 다른 무엇과도 바꾸지 않을 것이다. 내 나이 또래의 많은 사람들이 그렇게 느낄 거라고 생각한다. 우리는 우리가 완전히 소유했던 시대를 떠나보내야 한다. 내 경우 그 시대의 시작은 1931년이었다.

나와 내 친구들에게 요즘 일어나는 변화는 입이 떡 벌어질 정도이다. 내 경우에는, 지금 나의 가족들이 모두 나보다 나이가 어리기 때문에 내가 좀 이기적이라는 생각까지 든다. 나는 그들이 누리지 못했던 삶을 살았고, 앞으로 그들이 겪을 문제들을 피할 수 있기 때문이다.

내가 젊었을 때만 해도 기후 변화는 거의 문제시되지 않았고, 멸종 위기에 처한 동물들도 거의 없었다. 게다가 내가 태어나고 자란 미국은 세계에서 가장 강하고 안전한 나라였다. 제2차 세계대전이 시작되었지만 미국이 일으킨 게 아니었고,

그럼에도 결국 우리가 승리했으니 말이다. 이제 자유민주주의 국가가 된 독일과 마찬가지로, 일본도 결국에는 우리의 우방이 되었다. 파시즘이 다시 고개를 들고 있지만 아직 미국에까지 영향을 미치지는 않는다. 핵무기가 필요하다고 생각하는 사람들도 극소수다.

그리고 내가 사는 동안에는 어떤 교회도 AR-15(반자동 소총으로, 미국에서 민간용 소총으로 판매되고 있음—옮긴이)이나 러시아제 AK-47 소총에 축복을 내리지 않았다. 하지만 최근 어느 학교에서 총기 난사 사건이 일어난 직후 펜실베이니아의 한 교회가 이런 총기들에 축복을 내리는 의식을 행했다고 한다. 그만큼 세상이 변한 것이다.

내가 사는 동안, 물론 이 글을 쓰는 지금은 아니지만, 모든 대통령과 공화당, 민주당 의원들은 정신이 온전했고 스스로를 자제할 줄도 알았다. 나는 버락 오바마 대통령의 재임 시절을 살았다는 것이 너무 기쁘다. 그의 대통령 재임 시절에 탄자니아에 간 적이 있었다. 그곳에서 나는 거의 매일 이렇게 묻는 사람을 만나곤 했다.

"미국 대통령이 누군가요?"

물론 그들은 누군지 잘 알고 있었다. 그저 내가 그 이름을 말하는 걸 듣고 싶었을 뿐이다. 그래서 나는 대답했다.

"버락 오바마입니다."

그럼 그들의 얼굴이 환해졌다. 어떤 사람은 버락 오바마를 '바라카(Baraka)'라고 불렀다. 나는 바라카의 뜻이 뭐냐고 물었다. 그러자 그가 약간 수줍게 머뭇거리더니 말했다.

"축복받은 사람이라는 뜻이랍니다."

만약 내가 살 수 있는 시대를 직접 고를 수 있다면, 나는 인간이 나무에서 내려온 직후를 고르겠다. 그 시대는 정말 재미있었을 것이다. 하지만 그건 불가능한 일이고, 만약 내가 그 시대에 살았다 해도 그게 재미있는 시대인지는 전혀 깨닫지 못했을 것이다.

나는 내가 살아온 이 삶이 너무 감사하다. 나에게 이 삶은 너무나 멋지고 아름다웠다. 아니, 꼭 지금까지는 아니더라도 최근까지는 정말 근사했다. 이제 나의 강렬한 소망이 남았다면, 모든 사람들, 특히 내가 사랑하는 사람들이 그들이 나이가 들었을 때 나처럼 인생이 멋지고 아름다웠다고 말할 수 있기를 바란다.

그것은 충분히 가능할 것이다. 지금은 그렇게 보이지 않을지 몰라도 말이다. 나의 어머니는 20대일 때, 이 세계가 점점 분열되고 있다며 더 이상 이 세상을 보고 싶지 않다고 한탄하는 80세 노인을 만난 적이 있다고 했다. 하지만 당시 어머니의 눈에는 세계가 그렇게 분열된 것처럼 보이지 않았다.

내가 젊었을 때도 비슷한 생각을 했었다. 우리가 삶을 시작할 때는, 우리가 보는 것이 곧 삶의 규범이었다. 그리고 과거로부터 내려온 것들을 그대로 받아들였다. 지금의 상태를 부정하는 것은 언제나 노인의 몫으로 남겨지는 것 같다. 노인들은 시대가 변하는 것을 지켜봐왔기 때문이다.

요즘 시대를 가만히 보면, 인간이 기후변화를 해결하고 동식물의 대멸종을 막을 가능성은 아주 요원해 보인다. 그래도 우리 인간은 대처 능력이 뛰어나지 않은가. 다음 세대 역시 무서운 허리케인이나 끔찍한 산불, 심각한 가뭄 같은 자연재해에 잘 적응할 수 있지 않을까 싶다. 그리고 그 속에서 생존의 길도 분명 찾을 것이다. 어쩌면 앞으로 과학자를 제외하면 한때 야생동물이 존재했었다는 사실을 아무도 모르게 될수도 있지만, 분명 많은 사람들이 나이를 먹은 후 지금까지의 삶에 만족한다고 말할 것이다.

물론 이건 이상한 낙관론처럼 들릴 수도 있다. 아마도 생각보다 훨씬 빨리, 인간이 멸종위기 종에 포함되는 날이 올지도 모르는데 말이다.

그러니 마지막으로 이런 사실을 기억하자. 우리가 오늘 이지구상에서 만나는 모든 생명체, 모든 고사리와 모든 꽃들, 모든 꿀벌과 참새들은 3억 8천만 년 전으로 거슬러 올라가 물속에서 하나의 분자로 존재했던 각자의 조상들로부터 온전하게 이어지고 있다는 사실을. 그리고 그 조상들 역시 수많은 멸종 사건이 있었음에도 불구하고 환경에 잘 대처했었음을 말이다.

우리들 역시 지금 우리가 지워나가고 있는 많은 야생동물과 함께 언젠가는 멸종의 운명을 맞게 될지 모른다. 하지만 앞으로 50억 년 동안, 태양이 다 타버릴 때까지 생명은 어떤 형태로든 계속 이어질 것이라는 사실을 늘 기억하자.

19장

품위 있게
노년을 사는 법

이제 노화의 장점을 밝힐 시간이다.

내 자신에 대해 말하자면 나는 지금까지 내 자신을 인간 난파선으로 묘사해왔고, 그래서 노화를 나쁜 것으로 보이게 만들곤 했다. 독자들에게 아직 말하지 않은 것들도 있는데, 나는 혼자 있을 때면 자주 혼잣말을 한다. 침샘 기능도 안 좋아져서 입이 항상 건조하고, 침샘 때문에 얼굴에 작은 혹도 생겼다.

나만의 신체 조정 능력도 상실했다. 그래서 빨래집게를 집을 때 한 손에 다 잡기가 어려워서 몇 개는 입에 물어야 한다. 우리 같은 노인네들에게는 손이 몇 개 있어도 모자랄 판인데, 입이 있다는 게 얼마나 다행인지 모르겠다.

나는 외모도 그리 아름답지 않다. 그래서 서점의 작가 사인회에 와서 내 사인을 받기 위해 기다리는 사람이 있다면, 막상 나를 만났을 때 이 사람이 정말 이 책을 쓴 그 사람이 맞는지 의아해할 것이다. 왜냐하면 나이와 건강 상태가 나와 비슷한 다른 사람들과 마찬가지로 겉으로는 문제가 잘 드러나지 않기 때문이다.

하지만 우리들은 대부분 건강 문제를 안고 있다. 일부분이든, 아니면 내가 앞에서 말한 그런 문제들 모두를 가지고 있든지 간에 말이다. 그리고 당신도 나만큼 늙게 되면 마치 그런 문제가 없는 것처럼 행동하는 법을 터득하게 될 것이다.

당신이 낀 보청기는 눈에 잘 띄지 않을 테고, 당신이 말한 내용은 꽤 합리적으로 들릴 만큼 설득력도 갖추게 될 것이다. 또 등을 곧게 펴고 얼굴을 당당히 든 채 걸으려고 노력할 것이다. 심지어 당신이 휠체어나 지팡이를 사용한다 해도, 당신은 모든 기능이 적절하게 작동하는 사람으로 보일 것이다.

여기서 핵심 낱말은 '적절하게'라는 말이다. 당신은 나름 잘 작동하는 연장자다. 모든 것에 적응하는 방법을 터득했고, 또 인생으로부터 터득한 지혜를 통해 당신 자신을 계속 발전시켜 왔기 때문이다. 그렇기 때문에 당신의 늙어가는 삶은 충분히 품위 있고 멋질 수 있다. 다만, 젊을 때와는 다른 방식으로 멋질 뿐이다.

예를 들어 당신은 젊은 사람들보다 더 똑똑하다. 뇌가 더 잘 돌아가서 그런 건 아니다. 당신의 뇌 기능은 30대에 최고조에 이르렀었고, 오히려 지금은 늙었기 때문에 사람들의 이

름을 깜박하고 물건도 잘 잃어버린다. 하지만 당신은 주변의
세계를 더 깊고 명료하게 이해할 수 있다. 당신은 주변 세계
를 해석하는 능력이 뛰어나다. 이제껏 살면서 깨달은 모든 것
들 덕분이다.

젊은이들은 아마 이런 나의 말에 반대할지 모르겠다. 휘청
거리며 걷는 늙은이가 어떻게 자신들보다 이해력이 좋단 말
인가? 하지만 그건 사실이다. 예를 들어 내 사촌인 톰의 말을
빌리자면, 우리는 그동안 갖가지 건강 문제를 경험했기 때문
에 '그리 달갑지는 않지만 그래도 기억할 만한 중요한 의학
적 지식'을 터득하게 됐다는 것이다. 물론 이건 딱히 기분 좋
은 말은 아니다. 우리에겐 다른 장점들도 많다. 우리는 대체
적으로 더 이성적이다. 혹시 젊었을 때 병적인 공포증을 가지
고 있었다 해도 나이가 들면 자연스레 사라진다.

젊을 때는 우리가 가진 공포가 실제적인 게 아니라는 걸
알면서도 어쨌든 공포증에 시달린다. 마치 안경이나 열쇠를
잃어버리듯이 그런 공포증을 잃어버릴 수 있는지 믿기 어렵
겠지만, 충분히 가능한 일이다.

어쩌면 인간이 나무 위에서 지낼 때는 공포증이 없었을 것
이다. 그러나 시간이 지나고 나무에서 내려오게 되면서 어둠
이나 뱀을 무서워하는, 인간만의 생존 가치(Survial value, 어
떤 유기체가 가진 특별한 성질이나 기능이 생존을 위한 투쟁에서 발휘

266 ____ 267

하는 가치 — 옮긴이)가 생겼을 수도 있다.

물론 고대 시대에는 이런 두려움이 충분히 도움이 되었다. 현대에 이르러서는 아무런 도움이 되지 않았지만 말이다. 어쩌면 그렇기 때문에 인간의 구석기적인 뇌가 구석기 시대적 위험이 발생하면 바로 대응하는 한편, 스스로가 선택한 위험에는 코웃음을 치며 대수롭지 않게 넘겨버리는 게 아닐까. 우리가 늙었을 때는 이미 현실에 대처하기 위해 수많은 고생을 겪어왔기에, 스스로 선택한 공포 따위는 가볍게 지워버리는 것은 아닐까.

나는 원래 날아다니는 것을 타는 걸 무서워했다. 그래도 가끔씩 비행기를 타야 했는데, 늙고 나니 놀랍게도 비행기가 무섭지 않게 되었다. 그 이유는 나도 모른다. 나는 또 곤충 애벌레에 대한 공포증도 있었는데, 역시 이것도 거의 사라졌다. 지난 80년 동안 한 번도 애벌레 때문에 다치거나 위험에 빠진 일이 없기 때문일 것이다. 아니면 공포증은 그저 나이가 들면 자연스레 사라지는 것인지도 모르겠다.

어쨌든 그 덕분에 나는 크고 털이 북슬북슬한 불나방 유충 세 마리를 도울 수 있었다. 사건은 12월 초 어느 저녁에 일어났다. 나는 우리 집 차고 앞 도로에서 이 유충들과 마주쳤는데, 유충들은 너무 추워서인지 미동도 없이 제자리에 딱 붙어 있었다. 나방으로 변할 유충들이라 이 추운 겨울을 견뎌내야 했는데, 녀석들은 그렇게 꽁꽁 언 채로 겨울을 버티고 있었다. 그렇게 꽁꽁 얼어붙은 채로 몇 달을 살아간다니, 그건 너무나 인상적인 능력이었다.

하지만 우리 집 진입로에서 그렇게 얼어붙은 채 겨울을 보낸다면 차고를 드나드는 자동차에 깔려 죽을 게 뻔했다. 나는 녀석들을 집어서 우리 집 마당의 낙엽 더미 위로 던졌다. 낙엽 무더기는 많은 생물들이 살 수 있는 보호소와 같다. 나는 그 낙엽들을 봄이 될 때까지 치우지 않았다.

나이가 들면 우리는 더욱 연민에 빠지게 된다. 이것은 나이 들어 생긴 또 하나의 좋은 점이기도 한데, 연민은 사람을 기분 좋게 만들기 때문이다. 일생 동안 우리는 경제적으로 많은 문제를 겪는다. 아마 많은 사람들이 그럴 것이다. 그래서 가난한 사람들에게 동질감을 느끼게 되고, 그 마음이 우리를 자선단체에 기부하게 만든다. 또한 경적을 요란하게 울리고 손가락 욕을 하며 차를 모는 난폭 운전자를 만나도, 우리들은 그 운전자가 스트레스가 심해서 그런가 보다 하고 이해를 한다. 우리 잘못이 아니란 걸 알기 때문에 가볍게 웃으며 빨리 그 자리를 떠날 수 있다.

나는 한때 열성적인 사냥꾼이었지만 나이가 들면서 더 이상 사냥을 하지 않는 사람들을 몇 명 알고 있다. 나이가 들면 죽음에 대해 생각하게 되고, 다른 누군가의 생명을 빼앗는 것을 주저하게 되기 때문이다.

《아침을 먹기 전에 만난 보브캣(Bobcats Before Breakfast)》의 저자이자 저명한 야생동물학자인 존 쿨리시(John Kulish)는 기술이 뛰어난 사냥꾼으로 일생 동안 동물을 잡기 위해 덫을 놓았다. 하지만 암컷 수달이 짝을 찾아다니는 모습을 본 뒤에 사냥을 그만두었다고 한다. 그 수달이 찾던 수컷이 얼마 전에 덫에 걸려 죽었기 때문이다.

나도 그런 적이 있다. 내가 좀 더 젊었을 때, 서재에 돌아다니는 쥐들을 잡으려고 덫을 놓은 적이 있다. 당연히 쥐들은 덫에 걸려 죽었다. 하지만 요즘은 집에 쥐가 돌아다녀도 그대로 살려둘 뿐 아니라 쥐들을 위해 병뚜껑에 물을 담아서 놓아둔다. 나는 내 서재에 반려견들을 위해 물 그릇을 놓아두곤 했는데, 어느 날 아침 그 그릇에 쥐가 죽은 채 떠 있는 것을 발견한 이후부터였다.

쥐는 목이 너무 말라 물을 마시려다 그만 그대로 물에 빠져서 익사한 것이었다. 쥐의 젖꼭지를 보니 어딘가에 새끼도 있는 것 같았다. 하지만 죽을 때는 혼자였고, 살려고 버둥거린 것처럼 보였다. 나는 다시는 그런 일이 일어나지 않게 하려고, 그때부터 병뚜껑에 물을 담아놓는다. 매일 아침 확인해보면 병뚜껑은 언제나 비어 있다. 쥐들이 물을 마시다 흘린 물방울 자국들과 함께.

나는 평생 동물을 사랑했지만, 거리낌 없이 육식도 즐겼다. 그런데 이제 늙고 보니 내가 먹는 동물에까지 연민의 정이 느껴진다. 그래서 언젠가부터 채식주의자가 되었고, 그런 식습관에 만족하고 있다.

서재 다락에는 하늘다람쥐도 산다. 하늘다람쥐는 전기선을 잘 물어뜯기 때문에 늘 화재 발생의 위험을 준다. 나는 하늘다람쥐를 인간적인 방법으로 제거한 어떤 전문가를 알고 있었다. 그는 하늘다람쥐가 둥지를 튼 곳에 일방향의 문을 달아놓았다고 했다. 그럼 한 번 밖으로 나간 하늘다람쥐가 다시 들어올 수 없기 때문에 자연스럽게 침입을 막을 수 있단다.

정말 인간적인 방법이긴 하지만, 여기엔 문제가 있다. 만약 봄이나 여름에 입구를 막아놓으면 하늘다람쥐 부모가 새끼들에게 돌아갈 수 없다. 그렇다고 가을에 막아놓으면 겨울에 먹으려고 비축해둔 양식을 먹지 못하게 된다.

나는 나이를 많이 먹은 덕분에 이 세계를 좀 더 세심한 눈으로 살펴볼 수 있게 되었고, 그래서 좀 더 나은 사람으로 변했다. 지금 하늘다람쥐는 내 서재에서 몇 년째 살고 있다. 아직까지는 화재가 일어나지 않았다.

나이가 들면서 연민의 감정이 깊어진 것이 선물이라면, 최소한 나에게는 또 하나의 선물이 더 있다. 우리 같은 노인들이 스스로를 자제함으로써 다른 젊은이들이 성장하고 우리 자리를 차지할 수 있게 내버려둔다는 것이다.

예를 들어 예전엔 명절 준비는 언제나 내가 도맡아서 했다. 각각의 명절마다 무슨 일이 그렇게 많았는지 모르겠다. 평생 동안 추수감사절 준비는 언제나 내 차지였다. 나는 식구들과 친구들에게 각종 야채와 커다란 칠면조 구이와 디저트로 파이를 대접하기 위해 며칠씩 준비를 했다.

10명에서 12명까지 앉을 수 있게 식탁을 넓게 펴고, 예쁜 테이블보를 씌운 뒤 테이블보에 맞는 냅킨을 올리고, 새로 닦아놓은 은식기들과 예쁜 접시들을 놓고 식사를 대접했다. 식사가 끝나면 청소도 내 몫이었다. 밤은 그렇게 깊어갔고, 그때가 되면 나는 이미 초죽음 상태가 되어 있었다.

하지만 크리스마스에 비하면 그건 아무것도 아니었다. 크리스마스에는 끝도 없는 선물 준비로 몇 번이고 장을 봐야 했다. 또 수없이 많은 크리스마스 카드에 글을 쓰고, 주소를 적어 우편으로 부쳐야 했다. 크리스마스 트리도 구입하거나 집 근처 숲에서 직접 마련해야 했다. 나무를 잘라서 집까지 운반하고, 조명과 장식품으로 트리를 꾸몄다. 창문마다 초를 올리고, 집 주위를 크리스마스 조명으로 장식했다.

그리고 선물을 포장해서 트리 밑에 잘 놓아두었고, 산타 할

아버지가 잘 볼 수 있도록 난롯가에 양말을 달아놓았다. 그리고 추수감사절을 능가하는 풍성한 저녁식사를 준비했다. 추수감사절 준비에 며칠이 걸린다면, 크리스마스 준비로는 몇 주가 걸렸다. 하지만 나는 그 모든 걸 했다.

1년을 보내고 마지막 날 밤이 되면, 우리는 다시 축하를 한다. 다시 요리를 하고, 다시 청소를 하고, 우리는 한밤중까지 텔레비전 앞에 모여 앉아 신년을 맞는 화려한 쇼를 기다렸다. 흠, 그렇다, 우리는 그렇게 축하를 했다. 하지만 이제는 아니다.

요즘은 이웃사람들이 추수감사절과 크리스마스 파티에 나를 불러준다. 혹시 파티에 가지 않게 되면 나는 개인적인 사무를 보느라 돌아다닌다. 새해맞이 행사라면 나는 이미 몇 십 번을 지켜보았기 때문에 요즘은 그냥 잠을 잔다. 혹시 깨어 있더라도 다른 일을 하거나 하면서.

만약 당신이 혼자이고 외로움을 느낀다면, 그건 비극이다. 하지만 생각해보면 혼자인 것에는 장점이 많다. 바로 다른 사람에 대해 신경 쓰지 않아도 된다는 것이다. 옆에 정말로 다른 사람이 없기 때문이다. 침대를 바로 정리하지 않아도, 바닥을 쓸지 않아도, 설거지를 바로 하지 않아도 아무도 신경 쓰지 않는다. 당신이 하고 싶은 대로 하면 된다. 당신을 볼 사람은 아무도 없다. 하지만 무엇보다 좋은 점은 당신이 혼자이고 집에서 일한다면 일어나고 싶을 때 일어나고, 자고 싶을 때 잘 수 있다는 점이다. 그리고 그 어떤 방해 없이 일을 할 수 있다.

나는 반려견과 반려묘들과 함께 살고 있다. 각자 자기 식대로 나에게 해달라는 게 많지만, 사람들만큼 요구가 그리 많지는 않다. 그래서 내 시간은 오직 나만의 것이다. 나는 새벽 5시에 일어나 밤 8시까지 아무 방해 없이 일을 한다. 아침, 점심, 저녁을 차리지 않아도 되고 배고플 때 먹으면 그만이다. 그래서 그렇게 자주 먹지 않는다. 당연히 그 시간에 다른 많은 것들을 할 수 있다.

이것이 늙고 혼자일 때의 밝은 면이다. 중요한 점은, 내가 좋아하는 일로 바쁠 수 있다는 사실이다. 그래서 나는 이 책을 끝내고 나면 이미 시작한 소설 작업에 들어갈 생각이다. 어떤 일이든 즐거운 작업이 될 테고, 큰 힘을 들이지 않고도 할 수 있을 것이다.

그리고 내가 비록 정신이 오락가락하고 잘 잊어버린다 해도, 지팡이를 짚어야 하고 안경을 쓰고 보청기를 껴야 하고, 혹시 조금 지릴지 몰라 속옷 안에 성인용 패드를 차야 한다 해도, 나는 기회가 된다면 태국에 다시 갈 것이다. 그곳에서 지팡이를 짚고 8킬로미터를 걸어가 승냥이를 볼 것이고, 집에 돌아와서 승냥이에 관한 책을 쓸 것이다.

그러니 이제 알겠는가? 당신은 노화에만 적응하는 게 아니라 젊었을 때 했던 일이나 행동도 모두 할 수 있다는 것을. 약간의 장비의 도움을 받아 조금 다른 방식으로 행한다면, 젊었을 때 했던 일들을 얼마든지 해낼 수 있다. 결코 어렵지 않다. 특히 우리는 늙으면서 조금 더 명석해지고 사고가 더 깊어졌으니 말이다.

하지만 내가 좀 더 사려 깊은 사람이 되었기 때문에 어쩌면 태국에 가지 않을지도 모르겠다. 내가 최고 연장자이기 때문에 하이킹을 할 때 사람들이 나를 기다려야 할 것이 분명한데, 그럼 다들 나를 문제로 여길지 모른다.

몇 년 전, 케냐에서 비슷한 야생 사파리 여행을 한 적이 있는데 그때 한 멤버가 문제였다. 그 사람은 항상 다른 사람이 돌봐줘야 했고, 시종일관 관심을 받고 싶어 했다. 나는 그 사람처럼 되기는 싫다. 더욱이 나는 가벼운 현기증을 잘 느끼고, 간혹 심장에 통증도 느낀다. 원인이 무엇인지 모르지만─아직 의사를 만나러 갈 계획만 세우고 있다─만약 태국에서 뇌졸중으로 쓰러지면 어떻게 한단 말인가? 아니면 심장마비가 온다면? 태국에서 뇌졸중과 심장마비를 동시에 맞게 된다면 말이다.

이제 나는 여든여덟 살이다. 태국이라면 가장 가까운 병원이 몇 킬로미터나 떨어져 있는지도 모른다. 태국 의사들이 미국 의사만큼 실력이 좋지 않을 수도 있다. 게다가 내가 만약 죽기라도 한다면, 그건 보통 심각한 문제가 아니다. 나를 태국 땅에 묻거나 승냥이의 밥으로 주지 않을 거라면 이 몸뚱이를 태국에서 뉴햄프셔주까지 운반해와야 하니 말이다.

운반비가 끔찍하게 비쌀 것이고, 어마어마한 시간이 소요되며, 말도 안 되는 고생을 해야 할 게 뻔하다. 시신을 방부 처리해야 하고, 관도 필요하고, 아마 비행기표도 새로 끊어야 할 것이다. 시신을 모신 관은 수화물로 처리되니 왕복으로 끊어놓은 내 비행기표는 아무 소용이 없을 것이다. 그리고 관을 찾아서 세관을 통과한 뒤 집까지 운반하는 수고도 해야 한다.

그런데도 내가 대담하게 태국까지 갈 수 있을까? 아니면 소심하게 집에 남아 있어야 할까?

문제로 이어지지 않는다면, 대담함은 아주 좋은 덕목이다. 그리고 소심함은 문제를 피할 수 있으니 또한 좋은 덕목이다. 아마도 열심히 고민한 다음 천천히 결정을 내려야 할 것 같다. 급하게 결정을 내리지 않고 깊게 생각하는 것도 품위 있는 노인이 지니고 있는 또 하나의 장점이니 말이다.

20장

나는 꺼져가는 불 앞에서
분노하지 않을 것이다

마지막 장을 쓰기까지 참 오래 걸렸다. 눈까지 침침해졌다. 이제 정말 책을 끝내야 할 것 같다. 그런 뒤에는 집에 있는 세간들을 처분하려 한다. 그래야 우리 집이 '좀 더 나은 공간'이 될 것이고, 아이들이 나대신 수고를 하지 않을 것이다.

시인 딜런 토마스는 찬성하지 않을지 모르지만, 나는 꺼져 가는 불 앞에서 분노하지 않을 것이다. 분노는 우리를 불안하게 만들 뿐이다. 모든 것을 그대로 인정하면 마음이 평온해진다. 나는 나의 아이들의 마음속에 평화롭고 안전하게 남아 있을 것이다. 내 마음 속에는 반려견과 반려묘, 내 식구들이 평화롭고 안전하게 남아 있을 테니까.

내가 떠나려 하니 아이들이 나와 함께 있고 싶다고 한다. 나도 그랬으면 좋겠다. 그래서 만약 가능하다면 나는 식구들이 가까이 있을 때, 그들이 시간적으로 여유가 있을 때 눈을 감고 싶다. 그럼 나는 천국이나 지옥이나, 딜런 토마스의 어두운 밤이 아닌, 땅에 묻혀서 쉴 수 있을 것이다.

내가 묻힐 묘지는 여우들이 좋아했던 자리고, 곰이 겨울잠을 자기 위해 작은 굴을 만들기에도 좋은 자리다. 동물들이 좋아한다면 나도 역시 좋다. 내가 사랑하는 그 모든 것들과 함께 있을 것이기에 더욱 좋다. 비록 그들이 내가 옆에 묻힌 것을 영원히 알 수 없다 해도 말이다.

옮긴이 **최유나**

성균관대 번역 대학원에서 공부했고, 출판사 저작권 담당과 출판에이전트로 일했다. 현재 번역과 출판기획을 함께하고 있다. 옮긴 책으로는《대니쉬 걸》,《잉카 최후의 날》,《젊은 성공을 배운다》등이 있다.

내가 살아야 할 생을
잘 살아서 기쁘다

초판 1쇄 인쇄일 2020년 05월 18일
초판 1쇄 발행일 2020년 05월 26일

지은이	엘리자베스 M. 토마스		
옮긴이	최유나		
발행인	이승용		
주간	이미숙		
편집기획부	박지영 박진홍	**디자인팀**	황아영 한혜주
마케팅부	송영우 이동진	**홍보전략팀**	이상무 신민규 김지우
경영지원팀	이루다 이소윤		

발행처 |주|홍익출판사
출판등록번호 제1-568호
출판등록 1987년 12월 1일
주소 [04043]서울 마포구 양화로 78-20(서교동 395-163)
대표전화 02-323-0421 **팩스** 02-337-0569
메일 editor@hongikbooks.com
홈페이지 www.hongikbooks.com

제작처 갑우문화사

ISBN 978-89-7065-796-7 (03190)

이 도서의 국립중앙도서관 출판예정도서목록(CIP)은
서지정보유통지원시스템 홈페이지(http://seoji.nl.go.kr)와
국가자료공동목록시스템(http://www.nl.go.kr/kolisnet)에서 이용하실 수 있습니다.
(CIP제어번호: CIP2020017796)